O DIREITO À CONVIVÊNCIA FAMILIAR E COMUNITÁRIA

Contextualizando com as políticas públicas (in)existentes

F139d Fachinetto, Neidemar José
O direito à convivência familiar e comunitária: contextualizando com as políticas públicas (in)existentes / Nedemar José Fachinetto. – Porto Alegre: Livraria do Advogado Editora, 2009.
142 p.; 21 cm.
ISBN 978-85-7348-635-3

1. Vida familiar. 2. Vida comunitária. 3. Políticas públicas. 4. Direitos do menor. 5. Assistência ao menor. I. Título.

CDU – 347.63

Índices para catálogo sistemático:

Políticas públicas	304
Vida comunitária	316
Vida familiar	347.63
Assistência ao menor	347.64
Direitos do menor	347.64

(Bibliotecária responsável: Marta Roberto, CRB-10/652)

Neidemar José Fachinetto

O DIREITO À CONVIVÊNCIA FAMILIAR E COMUNITÁRIA

Contextualizando com as políticas públicas (in)existentes

livraria
DO ADVOGADO
editora

Porto Alegre, 2009

© Neidemar José Fachinetto, 2009

Capa, projeto gráfico e diagramação
Livraria do Advogado Editora

Revisão
Rosane Marques Borba

Direitos desta edição reservados por
Livraria do Advogado Editora Ltda.
Rua Riachuelo, 1338
90010-273 Porto Alegre RS
Fone/fax: 0800-51-7522
editora@livrariadoadvogado.com.br
www.doadvogado.com.br

Impresso no Brasil / Printed in Brazil

Aos meus queridos filhos,
Henrique e Natália, expressão e significado
do verdadeiro sentido de viver e conviver;

À minha amada esposa,
Dóris, pelo apoio, compreensão e
solidariedade ao longo destes anos
de vida em comum;

À minha estimada irmã, Neiva, pelo
incentivo e estímulo;

À minha vitoriosa mãe Vítória;

Muito obrigado.

Agradecimentos

Inicialmente, agradeço à Profa. Dra. Marli Marlene Moraes da Costa pela confiança em mim depositada e a proveitosa orientação à dissertação de mestrado, defendida recentemente na Universidade de Santa Cruz do Sul/RS – UNISC (2008) e que serviu de base para a presente publicação.

Não poderia deixar de agradecer à chefia do Ministério Público do Rio Grande do Sul pelo incentivo e apoio institucional recebido, bem assim à valiosa equipe de trabalho da Promotoria de Justiça Especializada de Lajeado-RS, especialmente a Assessora Jurídica, Nivia Terezinha Heinen, pelo inestimável auxílio e colaboração na execução das múltiplas atividades realizadas ao longo destes últimos anos de trabalho.

Aos agentes e profissionais integrantes da rede de proteção social de Lajeado-RS, assim como aos inúmeros colaboradores anônimos que, movidos por nobres ideais e desejo de transformação, se envolveram ativamente nas diversas atividades desenvolvidas neste período de estudo e trabalho, contribuindo com dados, informações, discussões e críticas, sem as quais muitas questões não teriam o colorido de vários olhares.

Por fim, agradeço ao Arquiteto do universo que, com sua natural benevolência, me permitiu trilhar caminhos antes nunca percorridos e a manter acesa a chama da esperança e crença de que, com humildade e perseverança, é possível contribuir para a construção de uma sociedade mais justa, igualitária e fraterna.

Sumário

Apresentação – *Afonso Armando Konzen* 11

Introdução 15

**1. A história da institucionalização de crianças e adolescentes
no Brasil** 21

1.1. Brasil-Colônia 21

1.2. Brasil-Império 25

1.3. Brasil-República 29

1.4. Do Estado Novo à Ditadura Militar (1937-1964) 33

1.5. Da Ditadura Militar à Democratização do Brasil (1964-1984) . 37

1.6. Democratização do Brasil 42

1.7. Brasil, um Estado Democrático de Direito 47

**2. Direito à convivência familiar e comunitária:
aspectos relevantes** 51

2.1. Novo paradigma: a doutrina da proteção integral 51

2.2. Direito fundamental à convivência familiar 57

2.3. Colocação em família substituta 66

2.4. A excepcionalidade da medida protetiva de abrigo 69

**3. Políticas públicas para efetivação do direito à convivência
familiar e comunitária** 81

3.1. Políticas públicas: noções fundamentais 81

3.2. Linhas de ação e diretrizes da política pública de
atendimento à criança e ao adolescente 86

3.3. Contextualização do plano nacional às políticas públicas na
área da convivência familiar na cidade de Lajeado-RS 90

3.3.1. Em relação à família 92

3.3.2. Em relação à criança e ao adolescente 100

3.3.3. Em relação à institucionalização................... 105
3.3.3.1. Reordenamento institucional.................... 105
3.3.3.2. Acolhimento familiar........................... 111
3.3.4. Em relação à adoção............................. 115
3.3.5. Em relação ao controle social...................... 117

Considerações finais....................................... 119

Referências... 125

Anexos.. 131

Apresentação

Família é um lugar, é casa ou é lar? Não é lá que tenho meu filho, que sou de certo modo o meu filho? No imaginário das convocações, não deveria ser esse o lugar do aconchego, do colo, do abraço, do beijo, do riso, da fala solta, lugar de pertencimento, do que me constitui, do meu mais íntimo, das minhas faltas e dos meus achados? Lugar em que me autorizo a experimentar. Meu primeiro laboratório e meu último e seguro refúgio. Porque sair desse lugar é sair de mim mesmo para o mundo. Pois é ali que ensaio os meus primeiros passos e empresto sentido à minha transcendência. Voltar é voltar para mim mesmo. É repousar. É ali que me recolho e que me regozijo na minha mais absoluta imanência. Seria a minha vida possível sem esse meu lugar, sem essa minha casa, sem esse meu lar, esse lugar só meu e dos meus, amarra primária e de sustentação de todos os meus demais vínculos, onde posso ser o que sou sem medo, dúvida ou rejeição?

Pensar a temática da Família a partir da experiência pode não ser a melhor forma de pensar a universalidade da casa-lar, pelo risco de um mero exercício egoístico, de mim para mim mesmo, no imaginário de que se assim deveria ser na minha casa, assim também deve ser na casa do amigo, do vizinho, na casa de todos os demais. Não possuo, no entanto, a possibilidade de determinar esse lugar, pois se o domínio das condições da minha própria casa muitas vezes se me escapa, o que então dizer em relação à realidade de cada casa em particular, a casa-lar de todos os demais. Por isso, pensar a temática da Família como possibilidade tem como pressuposto o respeito a esse lugar como o lugar de cada um, o meu lugar, mas também o lugar do Outro que eu. E então, esse lugar também do Outro, dá muito mais o que pensar, porque o pensar impõe desde logo uma responsabilidade, o limite indispensável à minha liberdade de pensar, o de reconhecer nesse lugar também do Outro um lugar insuscetível de redução ao meu conceito desse lugar. De que adianta, então, pensar acerca desse lugar se o pressuposto desse lugar é a admissão de que esse lugar, antes de meu, já a outrem pertence?

Como momento negativo necessário a todo descobrimento, vazio de fome à espera do alimento e da saciedade, impõe o pensar desse lugar do Outro um imperativo ético irrenunciável, o de aceitar o direito do Outro a esse lugar. Ou seja, antes de pensar o modo de ser desse lugar, função que não me pertence porque da titularidade de outrem, o exercício da minha responsabilidade para com o Outro consiste em pensar a proteção desse lugar do Outro como condição de dignidade mesmo desse Outro e desse lugar. O lugar desse Outro já não mais como o meu lugar ou o lugar do vizinho, do amigo, daquele que vem à minha casa e que me abre a porta da casa dele, mas a casa daquele que não a tem, ou daquele que a perdeu, ou daquele que ainda a tem mas a tem desarrumada, desajeitada, na iminência da ruptura do que a constitui como o lugar mais justo do mundo. A tarefa fica ainda mais desafiadora se esse Outro carente desse lugar precisa mesmo como condição insubstituível para a sua própria constituição. Não seria por isso que a proteção desse lugar passou a ser um direito fundamental indisponível de toda pessoa humana em desenvolvimento?

Neidemar José Fachinetto sabe a importância da tutela desse lugar. Seria por experiência própria, do aprendido com sua família, ou por encanto daquele que vive o fascinante desafio de oferecer esse lugar necessário ao desenvolvimento dos seus próprios filhos? Independente da fonte da sabedoria, paralelo à tarefa de cuidar do lugar mais íntimo e a serviço do refúgio próprio e também dos seus, faz ele, do exercício profissional como membro do Ministério Público, um modo de voltar-se inteiramente para a defesa dos interesses e das necessidades desses Outros da sua comunidade, daqueles que não têm, por alguma razão da vida, o direito à convivência familiar, esse direito a ter casa, lar, afeto e refúgio, inteiramente assegurado. No limite do possível, olha, dialoga, verifica, investiga, visita, participa, estuda e apoia. A materialização do resultado, além da experiência escrita, reflete-se no mérito da apropriação da realidade dada em números e gráficos, percepção nua e crua de necessidades ainda não satisfeitas, um passo preliminar indispensável para o nascimento de ações voltadas à universalização das medidas de proteção do direito à convivência familiar. Sabe ele associar o exercício funcional às potencialidades e possibilidades da sua comunidade, estratégia que se alimenta, pela interdição da liberdade de ocupar o lugar como um lugar do ditado da solução, da perspectiva de construir a solução pelo envolvimento, legitimidade aceita e outorgada por ele a todos que podem e querem contribuir para o exercício de responsabilidade que ultrapassa a posição dos indivíduos para dizer respeito ao exercício obrigacional da coletividade como um todo. Pertence ele a uma nova geração de Promotores de Justiça, no perfil do Ministério Público da Constituição Federal de 1988, exemplo de geração que assume, sem tergiversações, o exercício da tutela daqueles interesses situados na dianteira da escala de valores e em conformidade com o respeito à dignidade de toda pessoa humana, por hierarquia dogmática, o respeito à dignidade de toda criança e adolescente. Exemplo porque não se limita ao exercício do formal e estrito cumprimento do dever, mas porque adiciona ao dever funcional a sua própria experiência e motivação, insumos extraordinários para o fomento das transformações da realidade.

Ainda sob a influência do contato privilegiado com *O Direito à Convivência Familiar e Comunitária: contextualizando com as políticas públicas (in)existentes*, percebo, além da sempre necessária situação histórica e principiológica, que o Autor não lamenta o *tempo perdido*, mas faz dele oportunidade para seguir adiante. E visualiza, no contexto normativo em vigor e na leitura crítica do Plano Nacional de Promoção, Proteção e Defesa do Direito de Crianças e Adolescentes à Convivência Familiar e Comunitária e das demais contribuições sistêmicas para a formulação da política de atendimento no âmbito local, a instrumentalidade necessária para superar o mito da *institucionalidade-boa* e para colocar, no lugar do *abrigo-fim*, o *abrigo-meio*, trampolim somente aceitável se excepcional e breve e a serviço da realização do propósito de assegurar, a toda criança ou adolescente com a sua *casa-lar* temporariamente desalinhavada, a perspectiva da superação do que lhe falta. Trata-se de leitura obrigatória. Mais do que interpretação estritamente técnica, percebe-se a presença do testemunho, documento de realidade muito além das obviedades do cotidiano. Produziu Neidemar José Fachinetto título digno de cabeceira não só para todo aquele interessado em pensar as condições da sua própria *casa-lar*, mas também para todos aqueles que têm sob a sua responsabilidade a tarefa de exercer a tutela do direito à convivência familiar da criança e do adolescente.

Porto Alegre, março de 2009.

Afonso Armando Konzen
Procurador de Justiça-RS

Introdução

O reconhecimento da existência de uma categoria especial de direito à infância no Brasil passa, primeiramente, pelo resgate da sua história, tendo como pano de fundo o atendimento que a ela foi dispensado, notadamente às órfãs, às abandonadas e às de famílias em situação de pobreza, já que, quase sempre, esteve marcada por forte conteúdo marginalizante e estigmatizante, com ênfase na segregação em instituições das mais diversas matizes e sob fundamentos que, antes de protegê-las e desenvolvê-las como seres humanos, tinham como preocupação caracterizá-las como uma ameaça ao futuro da sociedade.

Já o que hoje se denomina de direito fundamental à convivência familiar e comunitária está diretamente ligado à forma como foi tratada a questão referente aos cuidados dispensados à criação dos filhos, atividade que nem sempre foi de responsabilidade de seus genitores, mas, muitas vezes, de terceiros, como amas-de-leite (para os filhos da burguesia), ou em instituições (para os filhos das classes menos favorecidas), essas muito comuns durante a Idade Média[1]

---

[1] Segundo refere Maria Regina Fay de Azambuja, a falta de percepção da infância, enquanto categoria autônoma, predominou durante toda a Idade Média, período em que as crianças eram consideradas como adultos em miniatura e, tão logo não dependessem das mães ou amas-de-leite (uso comum para os filhos da burguesia), passavam a receber o mesmo tratamento e a participar das mesmas ações dos adultos, exceto na capacidade de fazer amor e guerra. Neste período eram significativos os índices de mortalidade infantil, decorrente dos frequen-

no velho continente. Semelhante prática foi introduzida no Brasil, a partir do período Colonial, principalmente para os filhos daqueles setores sociais menos afortunados e excluídos dos meios de produção e das riquezas geradas, prática que ainda hoje se faz presente.

Por isso, como premissa basilar para a análise das relações do direito à convivência familiar e comunitária com as práticas sociais vigentes, torna-se fundamental revisar e revisitar a história social e jurídica da criança no Brasil sob a perspectiva da prática da institucionalização das crianças pobres – o que equivale à privação de convivência familiar e comunitária – mesmo que ao longo do último século tenham ocorrido profundas alterações filosófico-políticas na percepção sobre a infância pela família, sociedade e Estado, com destaque à ruptura havida no final do século XX, quando novo paradigma legal de proteção às crianças[2] e aos adolescentes[3] brasileiros se implantou através do aco-

---

tes abandonos e infanticídios, especialmente nas classes dos camponeses e das camadas mais populares. In. AZAMBUJA, Maria Regina Fay de. *Violência sexual intrafamiliar: é possível proteger a criança?* Porto Alegre: Livraria do Advogado, 2004, p. 28-29

[2] Para Emílio Garcia Mèndez, as palavras "criança", "menino" e "menina" eram utilizadas regularmente para significar "escravos" ou "servos" em grego, latim, árabe, sírio e em muitas línguas medievais e, por isso, mesmo as pessoas adultas que não alcançavam a independência social e política eram equiparadas, do ponto de vista jurídico, à 'infância' e permaneciam sob o controle de algum outro (pai, senhor, patrão, marido, etc). In. MÈNDEZ, Emílio Garcia. *Cadernos de Direito da Criança e do Adolescente.* Brasília: ABMP, 1997, v. 2, p. 158.

No entanto, segundo o Estatuto da Criança e do Adolescente (ECA), criança é a pessoa até doze anos incompletos e, segundo a Convenção sobre os Direitos da Criança das Nações Unidas (1989), é pessoa com até dezoito anos de idade, a não ser que, em conformidade com a lei aplicável à criança, a maioridade seja alcançada antes.

[3] Como informa Philippe Airès, considerava-se adolescente o indivíduo capaz de procriar, que se iniciava após os 14 anos (término da pueritia) e se estendia até 21 anos e, para alguns, até os 35 anos de idade. No entanto, por ocasião da tradução do latim para o francês, isso por volta do século XVI, diante da carência de termos semelhantes, a adolescência foi confundida com a infância, ambas designadas como *enfant*, assim permanecendo até o século XVIII, sendo que somente no século XX é que o termo "adolescente" incorporou atributos próprios de sua faixa etária, chegando a caracterizá-lo como o século da adolescência. In. ARIÈS, Philippe. *História social da criança e da família.* Tradução de por Dora Flaks-

lhimento, pelo Texto Constitucional de 1988, da Doutrina da Proteção Integral, que os elevou à condição de sujeitos de plenos direitos.

No entanto, nestes mais de 18 anos de vigência da nova normativa, milhares de crianças e adolescentes (estimadas em 200 mil)[4] ainda vivem em instituições de abrigo[5] no Brasil, para as quais pouca ou, em muitos casos, nenhuma alteração pôde ser sentida.

Apesar desta temática, dia-a-dia, estar sendo desvendada pelos mais diversos setores da sociedade brasileira, seja através de estudos e pesquisas acadêmicas ou mediante levantamentos governamentais de âmbito nacional,[6] seja frente as inúmeras iniciativas que estão sendo realizadas em vários pontos do território nacional,[7] verifica-se que muito ainda tem por ser feito para o devido enfrentamento e superação da cultura da institucionalização da infância pobre brasileira.

Tanto é assim que, no âmbito das políticas públicas, somente no final de 2006 foi lançado, pelo Governo brasileiro, o Plano Nacional de Promoção, Proteção e Defesa do Direito de Crianças e Adolescentes à Convivência Familiar

---

mann. 2. ed. Rio de Janeiro: LTC, 1981, p. 14. No Brasil, atualmente, tem-se por adolescente o indivíduo entre 12 anos e 18 anos, nos termos do art. 2º, ECA.

[4] RIZZINI, Irene; RIZZINI, Irma. *A institucionalização de crianças no Brasil, percurso histórico e desafios do presente.* Rio de Janeiro: PUC-Rio, 2004, p. 51.

[5] Utilizar-se-á, ao longo do presente trabalho, a expressão *abrigo* para denominar as mais diversas formas de acolhimento de crianças e adolescentes em entidade governamentais ou não-governamentais (*abrigo institucional, casas-lares, casas de acolhida, casas de passagens, repúblicas,* dentre outras), em consonância com o disposto no texto legal de regência (art. 90, IV, c/c no art. 101, VII, e seu parágrafo único, todos os ECA) e por ser o termo mais utilizado atualmente. Já no Plano Nacional, é utilizada a expressão Acolhimento Institucional.

[6] IPEA/DISOC. *Levantamento Nacional dos Abrigos para Crianças e Adolescentes da Rede de Serviço de Ação Continuada (SAC),* Relatório de Pesquisa nº 1. Brasília, outubro de 2003 (não publicado).

[7] RIZZINI, Irene (Coord). *Acolhendo Criança e Adolescentes.* Experiências de Promoção do Direito à Convivência Familiar e Comunitária no Brasil. 2ª ed. São Paulo: Cortez Editora; Brasília, DF: UNICEF; CIESPI; Rio de Janeiro-RJ: PUC-RIO, 2007.

e Comunitária,[8] com o objetivo de orientar e direcionar as ações a serem desenvolvidas no período de 2007-2015, especialmente no âmbito do poder público.

Entretanto, como não há mais tempo a se perder na busca da efetiva garantia da convivência familiar e comunitária, especialmente daquela população que ainda vive em abrigos no Brasil, mostra-se indispensável analisar se as propostas previstas no referido Plano Nacional, ainda que de uma forma apriorística, são pertinentes e adequadas ao enfrentamento desta problemática.

Neste sentido, o presente trabalho se propõe a confrontar as propostas previstas no Plano Nacional com as experiências colhidas nos últimos anos. Para tanto, através de estudo exploratório da realidade vivenciada na Cidade de Lajeado-RS[9] e, ancorando-se em bases teóricas diversificadas, serão analisadas as ações até aqui desenvolvidas, integrantes ou não das políticas públicas oficialmente instituídas, apontando as suas deficiências ou os ajustes necessários, como forma de servir de paradigma para a efetiva melhoria das condições de abrigagem e, acima de tudo, como forma de resgatar o fundamental direito à convivência familiar e comunitária das crianças e adolescentes ainda da institucionalizados.

Por óbvio, não se tem a pretensão de esgotar a análise sobre o fato social investigado, nem limitar a intervenção às formas de atuação já realizadas ou que ainda o serão,

---

[8] PRESIDÊNCIA da República. Secretaria Especial dos Direitos Humanos. Ministério do Desenvolvimento Social e Combate à Fome. *Plano Nacional de Promoção, Proteção e Defesa do Direito de Crianças e Adolescentes à Convivência Familiar e Comunitária*. Brasília: dezembro de 2006. A título de simplificação, ao longo do texto, será utilizada a expressão Plano Nacional para se referir ao presente documento.

[9] A Cidade de Lajeado/RS situa-se na Região do Vale do Taquari, a 110 Km de Porto Alegre/RS, tendo sido colonizada por imigrantes alemães e italianos há mais de 150 anos. Possui 67.474 habitantes, segundo contagem realizada para o ano de 2007 pelo IBGE, com acentuada concentração da população na área urbana (99,65%), cuja estratificação por idade, dos zero aos dezenove anos, é responsável por 34,93% da população do município.

mas espera-se que possa servir de subsídio para, no mínimo, despertar e provocar a reflexão em outros atores sociais acerca desse tormentoso dilema que aflige milhares de crianças e adolescentes em todo o território brasileiro, como também desencadear uma verdadeira e definitiva cruzada pela superação desta perversa forma de criação de muitas crianças e adolescentes que ainda crescem e se desenvolvem em instituições e longe do aconchego de um lar.

1. A história da institucionalização de crianças e adolescentes no Brasil

1.1. Brasil-Colônia

Com a chegada dos primeiros europeus em terras brasileiras, a segregação dos nativos – quando não eliminados na captura – tanto de adultos quanto de crianças, passou a ser a pedra-mestra da estratégia de ocupação e colonização.

No início do período Colonial, para viabilizar o esforço de aprisionar e domesticar os indígenas, seja para ter acesso facilitado às riquezas, seja para obter farta mão-de-obra servil às atividades extrativistas a que se destinavam os colonizadores,[10] fez-se necessário o controle sobre a prole dos indígenas, o que passou a ser uma estratégia indispensável para o sucesso da ocupação, revelando- se decisiva a ação dos jesuítas, os quais se empenharam em criar as escolas elementares,[11] destinadas a capacitar os pequenos índios a ler, escrever e contar, mas com indisfarçável propósito de "[...] conquistar as alminhas virgens, que passaram a for-

---

[10] RIBEIRO, Darcy, *O povo brasileiro, a formação e o sentido do Brasil*. 2. ed. São Paulo: Companhia das Letras, 1997.

[11] RIZZINI; RIZZINI, 2004, p.23.

O DIREITO À CONVIVÊNCIA FAMILIAR E COMUNITÁRIA **21**

mar um exército de "pequenos-Jesus", com o fim de pregar e adestrar moral e espiritualmente as índias do Brasil"[12] e, com isso, esvaziar a identidade indígena,[13] com auxílio de método ortodoxo de ensino, calcado na imposição de castigos físicos àqueles pequenos que não seguiam à risca os seus ensinamentos, introduzindo em nosso meio, através da disciplina rigorosa, o que Foucault caracterizaria como uma verdadeira "fábrica de indivíduos".[14]

No entanto, com o passar dos tempos, algumas missões jesuíticas fugiram de sua função prevista de amansadores de índios para se arvorarem a seus protetores.[15]

A par disto, aqui também desembarcaram crianças portuguesas que, na condição de órfãos do Rei, vieram com a incumbência de se casar com os súditos da Coroa, isto aquelas que insistiram em sobreviver aos abusos sofridos durante a longa e penosa viagem.[16]

Pelas mãos dos jesuítas surgiram, nesse momento, as primeiras instituições educacionais destinadas às crianças no Brasil, em sistema asilar, seguindo regime de claustro religioso e sob domínio de uma "[...] pedagogia do medo que inspirasse desapreço pela carne e pelas necessidades físicas".[17] Dessa forma, as crianças, mesmo as de tenra idade, passaram a viver longe de seus genitores, geralmente mortos em conflitos ou aprisionados pelo escravagismo

---

[12] CORAZZA, Sandra Mara. *História da infância sem fim*. Ijuí/RS: Editora Unijuí, 2000, p. 134

[13] JESUS, Ivanise Jann de. *Criança maltratada: retorno à família ou a institucionalização?* Um estudo exploratório em Santa Maria. Monografia (Curso de Pós-Graduação em Direito Comunitário: infância e juventude) – Fundação Escola Superior do Ministério Público do Rio Grande do Sul, 2003, p. 22.

[14] FOUCAULT, Michel. *Vigiar e punir*: A história das violências nas prisões. Tradução de Raquel Ramalhete. Petrópolis. Vozes, 1987, p. 143.

[15] VERONESE, Joseane Rose Petry; COSTA, Marli Marlene Moraes da. *Violência doméstica: Quando a vítima é criança ou adolescente* – uma leitura interdisciplinar. Florianópolis: OAB/SC Editora, 2006.

[16] AZAMBUJA, 2004, p. 34.

[17] CORAZZA, 2000, p. 137

iniciante ou, ainda, filhos de famílias pertencentes aos súditos em condição de pobreza.

Mas também para os filhos dos imigrantes, tanto os puros quanto os já miscigenados com os nativos, desde que pertencentes às classes de famílias mais privilegiadas, a ação educacional jesuítica criou colégios para a formação de religiosos e de instrução superior, com o nítido propósito de formar homens como se jesuítas fossem e, assim, perpetuar a política de domesticação e aniquilamento dos povos primitivos.

Mesmo diante do intenso ingresso de escravos africanos, que se destinava ao duro trabalho nas atividades econômicas da época, os registros feitos por Ribeiro[18] dão conta da pequena prole de escravos considerados crioulos, provavelmente em decorrência da baixa proporção de mulheres importadas e pela precarização física daquelas que, a preço de ouro, eram roubadas para servir como luxo aos senhores e capatazes, as quais "somente quando estavam largadas e envelhecidas, é que o negro tinha acesso para produzir crioulos".[19] Ademais, os filhos de escravos, mesmo com pouca idade, eram utilizados no trabalho braçal, motivo pelo qual não chegaram a despertar qualquer atenção ou preocupação da estrutura até então montada pelos jesuítas ou por outras congregações religiosas da época, até porque eram tratados como bens de seus senhores, a quem cabia prover (ou relegar ao abandono) a sua sobrevivência.[20]

Para fazer frente a esse contingente de crianças desamparadas – ou mal amparadas – muitas delas órfãs, apenas para ilustrar, já em 1554, Manoel da Nóbrega funda,

---

[18] Segundo o autor (1997, p. 161 e 162), estima-se em 6.352.000 escravos importados entre 1540 a 1860, que destaca. Além da importação de escravos, negócio altamente vantajoso, as atividades se concentravam nas empresas açucareiras, auríferas, de algodão, de tabaco, de cacau e de café.

[19] RIBEIRO, 1997, p. 163.

[20] Ibidem, p. 165.

em São Vicente, um colégio de catecúmenos, destinado aos órfãos que vieram de Portugal, e mestiços da terra.[21] Decorridos trinta anos, já existiam cinco instituições destinadas ao acolhimento mantidas pelos jesuítas.[22]

Na mesma linha, outras ordens religiosas instalaram seminários, colégios para órfãos e recolhimentos de órfãs e meninas desvalidas.[23]

A partir do século XVIII, destacou-se a modalidade de atendimento a bebês abandonados através do sistema da casa dos expostos ou roda dos expostos, instituído pelas Santas Casas de Misericórdia, até meados do século XIX, chegando a atingir treze unidades ao todo, sendo extinto somente após alguns anos da vigência da República.[24]

Ao longo desse período, a matiz do atendimento fundava-se exclusivamente na ação das entidades religiosas, de cunho eminentemente caritativo (assistência material), sem qualquer interferência legislativa e política do Estado-

---

[21] CORAZZA, 2000, p. 134.

[22] CRUZ, Lilian Rodrigues da. *(Des)Articulando as Políticas Públicas no Campo da Infância*: Implicações da abrigagem. Santa Cruz do Sul: Edunisc, 2006, p. 217.

[23] Rizzini; Rizzini (2004, p. 88) definem desvalido como aquele que não tem valor, sem valimento e 'sem valia', encontra-se desprotegido, desamparado, desgraçado, miserável. As autoras informam que semelhante definição já era encontrada em dicionários do século XIX e início do século XX, como no Diccionário Contemporâneo da Lingua Portugueza, de 1881. Este conceito perdurou até o final do século XX, fruto da concepção tutelar destinada à criança, que não a reconhecia como sujeito de direitos.

[24] Irene Rizzini explica que consistia na colocação da criança em uma roda de madeira disposta na parede externa da entidade, a fim de manter o anonimato de quem fazia a entrega. Cita, ainda, que o sistema de roda dos expostos surgiu na Europa Católica, mais precisamente na Itália, em meados do século XII, e se destinava a receber os filhos abandonados pelas mães de famílias populares, mas também acabou sendo muito utilizado para ocultar a desonra da mulher-bem-casada. Enquanto no Brasil eram criadas novas unidades a partir de 1726, na Santa Casa de Salvador; em 1738, no Rio de Janeiro; em 1825, em São Paulo; em Porto Alegre (1837); em Recife, dentre outras, na Europa este sistema estava sendo duramente combatido pelos higienistas e reformadores, pela alta mortalidade e pela suspeita de fomentar o abandono de crianças, fatos que eram do conhecimento da intelectualidade brasileira. In. RIZZINI, Irene. *A criança e a Lei no Brasil*: Revisando a história (1822-2000). Rio de Janeiro: Edusu, 2002, p. 24.

Coroa, limitando-se ao custeio parcial dos gastos,[25] numa nítida percepção de que o segmento composto por crianças não se constituía numa categoria jurídico-social relevante, a não ser sob o aspecto da retribuição penal, quando recebia praticamente o mesmo tratamento destinado ao adulto, na mais absoluta promiscuidade.[26]

Esse comportamento colonial se manteve inalterado pelos próximos três séculos. Enquanto na Europa do século XV a criança começava a conquistar seu espaço na família e na sociedade,[27] no Brasil acontecia exatamente o inverso, até porque a época do escravagismo acabou por sufocar qualquer possibilidade de emancipação da infância em terras brasileiras.[28]

1.2. Brasil-Império

Por influência do ideário da Revolução Francesa, no início do século XIX, já sob os auspícios de um Brasil independente de Portugal (1822), começa uma gradativa mudança nos rumos da educação do povo e, por conseguinte, os asilos de crianças pobres começam a sofrer influência, notadamente quanto à secularização da educação religiosa, que deixou de ter o papel central das atividades das instituições de atendimento. Passava-se, então, a ministrar um ensino útil ao indivíduo e à Pátria, segundo os ideais de progresso e civilidade da nação que se constituía.

Por outro lado, com o reinado de Dom Pedro II, chega ao final um obscuro período das mais absurdas atrocidades

---

[25] Cruz (2006, p. 35) refere que, neste momento, formou-se verdadeira aliança entre o público e o privado, inaugurando-se a fase filantrópica de assistência à infância abandonada no Brasil

[26] SARAIVA, João Batista da Costa. *Adolescente em Conflito com a Lei:* da indiferença à proteção integral. Porto Alegre: Livraria do Advogado, 2003, p. 14.

[27] Segundo Philippe Ariès (1981, p. 158): "Um novo sentimento da infância havia surgido, em que a criança, por sua ingenuidade, gentileza e graça, se tornava uma fonte de distração e de relaxamento para o adulto, um sentimento que podemos chamar de 'paparicação'".

[28] VERONESE, COSTA, 2006, p. 16.

penais praticadas contra a infância, já que com a edição do Texto Constitucional de 1824 e do Código Criminal de 1830, que, em termos históricos, revelou-se um grande avanço, foi limitada a responsabilidade penal e a aplicação das sanções penais apenas para os maiores de catorze anos.[29] No plano do atendimento assistencial, centrou sua preocupação e atenção no recolhimento de crianças órfãs e expostas,[30] através de vasta regulamentação e estruturação do ensino dos filhos das classes populares.[31] Para estes, foram ministradas a instrução primária e a formação profissional, atividades estas a cargo das Províncias brasileiras, enquanto o governo imperial tratou da educação da Corte, criando instituições voltadas às atividades de guerra, as quais passaram a receber os meninos dos colégios de órfãos e das casas de educandos, bem como aqueles recolhidos nas ruas pelas polícias das capitais brasileiras, para os quais se reservavam os ofícios militares. Assim, entre 1840 e 1880, houve uma verdadeira limpeza das ruas das capitais, pois o número de meninos enviados pelas companhias imperiais aos navios de guerra foi maior do que o de homens recrutados e voluntários.

Enquanto o Império mantinha as instituições de caráter educativo, a assistência às crianças órfãs e expostas foi estruturada a partir de aliança com entidades privadas de cunho religioso e caritativo, mantidas pela Igreja, as quais se responsabilizaram pela administração e edificação das mais diversas instituições, de caráter invariavelmente asi-

---

[29] Saraiva (2003, p. 15) refere que a exceção se referia à prova de que o delinquente tivesse obrado com discernimento, quando poderia, a critério do juiz, ser recolhido as Casas de Correção, mas limitada a sua permanência até os dezessete anos de idade.

[30] RIZZINI, 2002, p. 11.

[31] Rizzini; Rizzini (2004, p. 25) destacam que a Lei nº 16, de 12/8/1834, estabeleceu a responsabilidade das Províncias' pelo ensino primário e profissional, sendo que nove Províncias instalaram Casas de Educandos Artífices, onde os meninos pobres recebiam instrução primária, musical e religiosa, além do aprendizado de ofícios mecânicos, tais como o de sapateiro, alfaiate, marceneiro, carpinteiro, dentre outros.

lar, mas com fartos subsídios financeiros provenientes dos cofres públicos do Império.

Se para os meninos havia instituições públicas e privadas, para as meninas órfãs e desvalidas foram mantidas instituições religiosas de recolhimentos, criadas no século XIX, com a peculiaridade de que, no período imperial, sua prática foi difundida com a criação de novas unidades em várias capitais, as quais passaram a atentar à especificidade dos novos grupos étnicos, como as indígenas (geralmente capturadas pelas missões religiosas), as indigentes (filhas naturais de mães pobres), as órfãs brancas e as meninas negras. A educação era direcionada ao papel social reservado para elas na rígida hierarquia social da época, quase sempre voltada às atividades subalternas.[32]

Destacam-se, nesse contexto, os ingênuos – filhos de escravos nascidos após o advento da Lei do Ventre Livre (1871), para os quais, por força desta legislação, permitia-se que os seus senhores lhes mantivessem como escravos até completar os vinte e um anos, desde que os tivessem criados até os oito anos de idade. Do contrário, poderia o proprietário entregá-los ao governo imperial, mediante indenização, passando para o Estado a tarefa de mantê-los e educá-los. Para estes, o governo imperial subvencionou colônias agrícolas e institutos profissionais para acolher os meninos livres desvalidos. No entanto, essa modalidade se revelou pouco atraente, pois, dos mais de 400 mil ingênuos registrados até 1885, apenas 113 filhos de escravas haviam sido entregues ao governo.[33]

De qualquer sorte, essa legislação lançou sobre a sociedade de então uma nova percepção sobre a criança, que deixou de ser uma preocupação restrita do núcleo da família – com forte característica patriarcal – ou dos senhores (no caso dos escravos), e passou a fazer parte das preocu-

---

[32] RIZZINI, RIZZINI, 2004, p. 26-27.

[33] Ibidem, p. 28.

pações de outros setores da sociedade e do incipiente Estado que se formava.

Em meados do século XIX, o início da urbanização no país deslocava a população agrária para os centros urbanos,[34] fazendo com que a pressão sobre o Estado passasse a ser mais intensa, notadamente em relação à necessidade de prevenir e controlar as doenças infectocontagiosas que começavam a surgir. Estas, mesmo que identificadas originalmente nas classes pauperizadas, tinham o potencial de atingir indivíduos de qualquer classe social, revelando-se, pois, um perigo para todos.

Nesse cenário, o conhecimento médico-higienista[35] tornou-se o novo viés do controle estatal sobre as famílias, tendo como ponto de apoio a redefinição do modelo familiar, com a valorização do papel da mulher como responsável pelos cuidados e pela saúde dos filhos, especialmente das classes pobres. As questões sanitárias tornaram-se um magno problema das elites intelectual, política e filantrópica, que influenciaram decisivamente a legislação e as políticas sociais da passagem do século XIX para o século XX.[36]

O desenvolvimento de estudos médicos desencadeou ações que visavam a salvar a infância, especialmente aquela de origem pobre, sendo que o modelo de assistência asilar se manteve como a principal estratégia do Estado, consolidando-se, no final do século XIX, como uma importante experiência governamental, não só destinada aos ór-

---

[34] SANTOS, Milton. *A urbanização brasileira.* São Paulo: Editora Hucitec, 1993, p.20-21.

[35] O movimento higienista consistiu na sistemática manifestação de setores ligados à medicina que denunciava as mazelas sanitárias dessa população e a exigir que o Estado assumisse a responsabilidade por cuidado e proteção. Neste cenário, destaca-se o trabalho e a produção teórica do médico Moncorvo Filho. In. RIZZINI; RIZZINI, 2204, p. 29.

[36] Cruz (2006, p. 39) refere: "A preocupação com o sujeito infantil, portanto, passava a se instituir cada vez mais como um problema econômico e político, alvo de inquietações de ações médicas, morais e pedagógicas".

fãos, expostos e desvalidos, mas às novas categorias que surgiam (enjeitados e delinquentes).

1.3. Brasil-República

O novo olhar, inspirado no movimento higienista,[37] fez com que os primeiros anos da República fossem marcados por acentuada preocupação com o rumo que a delinquência juvenil[38] estava tomando, em face da estreita relação que se fazia entre infância pobre e criminalidade. Nesse sentido, a edição do Código Penal de 1890 veio dar o respaldo jurídico à repressão e à segregação da população infantil de origem popular.

As idéias que sustentavam o novel Direito do Menor, surgido nos Estados Unidos no final do século XIX, passaram a influenciar a intelectualidade brasileira que, cada vez mais, centrava suas análises no binômio carência-delinquência e procurava incessantemente abordar a problemática da infância pobre pelo prisma da cientificidade, até mesmo como forma de eliminar as barbáries e promiscuidades geradas pelo modelo anterior. Para Machado:

> [...] o nascimento do direito do menor, preocupado quase exclusivamente em dar combate à criminalidade juvenil – e o combate não apenas repressivo em face do crime já praticado, mas também e principalmente, preventivo, sob a ótica da criminologia positivista.[39]

Para isso, os estudos e as análises partiram em busca de novas categorias e classificações, de modo a permitir a prevenção e a regeneração da criança pobre, conforme a sua nova condição social e jurídica,[40] em conformidade com os ideais republicanos de ordem e progresso.[41]

---

[37] RIZZINI, Irene. *O Século Perdido.* Raízes históricas das políticas públicas para a infância no Brasil. 2ª ed. rev. São Paulo: Cortez, 2008, p.107-109.

[38] RIZZINI, 2002, p. 19-21.

[39] MACHADO, 2003, p. 37.

[40] AZAMBUJA, 2004, p. 37.

[41] RIZZINI, *op. cit* p. 20.

A par da perversa confusão conceitual entre criança carente/criança delinquente, as categorias criadas passaram a fazer parte do arcabouço legislativo, tanto em nível político (através de inúmeros projetos de leis)[42] quanto nas normas editadas no início do período republicano.[43]

A influência desse pensamento, já sob os ventos trazidos pela Declaração de Genebra sobre os Direitos da Criança (1924), tomou ainda mais corpo com a criação do Juizado de Menores, em 1924,[44] órgão centralizador do atendimento oficial destinado ao menor,[45] que exercia diversas funções relativas à vigilância, regulamentação e intervenção direta sobre a parcela da população empobrecida, com ênfase na internação dos menores abandonados e delinquentes, revelando-se como instrumento de assistência social exercido pela autoridade judiciária. Este modelo contou com grande respaldo da imprensa da época, que se encarregou

---

[42] Dentre outros, o Projeto do Deputado Alcino Guanabara (1906), que objetivava regulamentar a infância moralmente abandonada; o Projeto do Deputado João Chaves (1912) determinava as providências sobre a infância abandonada e criminosa, classificando os "menores" para o efeito de serem submetidos ao conveniente regime hospitalar ou educativo, os menores de um ou outro sexo: a) materialmente abandonados; b) moralmente abandonados; c) mendigos e vagabundos; d) que tiverem delinquido (art. 11) In. RIZZINI, *loc. cit.*

[43] Dentre outros, o Decreto 441, de 1903, que tratava sobre a organização geral da assistência, criando os patronatos agrícolas; o Decreto 6.994, 19/06/1908: dos casos de internação, sendo criadas colônias correcionais: a internação na colônia é estabelecida para os vadios, mendigos válidos, capoeiristas e desordeiros (art. 51); o Decreto 13.706, de 25/07/1919, da nova organização aos patronatos agrícolas; a Lei 4.242, de 05/01/1921, que criou o Serviço de Assistência e Proteção à Infância Abandonada e Delinquente. In. RIZZINI, *loc. cit.*

[44] O Decreto. n. 16.273, de 20 de dezembro de 1923, foi editado para reorganizar a Justiça do Distrito Federal, com o qual restou criado o primeiro Juizado de Menores, que foi instalado no início do ano seguinte, tendo à frente o Juiz de Menores José Cândido Albuquerque Mello Mattos, o qual permaneceu no cargo até seu falecimento, em 1934. In. RIZZINI, *op. cit.*, p. 22.

[45] No presente trabalho, as expressões "menor" e "menores" serão empregadas apenas quando os textos legais e técnicos da época assim designavam a população infanto-juvenil, já que atualmente se reconhece o manifesto conteúdo marginalizante que os termos mantêm. Acerca do assunto, BULCÃO, Irene. *A produção de infâncias desiguais:* uma viagem na gênese dos conceitos 'criança' e 'menor'. In. NASCIMENTO, M. L. (org). *Pivetes: a produção de infâncias desiguais.* Niterói: Intertexto, 2002.

de defendê-lo, difundi-lo e legitimá-lo na sociedade, inclusive perante as famílias pobres, notadamente constituídas de mães e filhos, que passaram a ter, paradoxalmente, no Juízo de Menores uma alternativa de cuidado e educação para sua prole.[46] Porém, sem dúvida alguma, foi com o Código de Menores – Decreto 5.083, de 1º de dezembro de 1926 – conhecido como Código Mello Mattos, que a intervenção do Estado sobre a infância pobre tomou as proporções de uma verdadeira ação social do Juízo de Menores.[47]

O eixo dessa legislação se caracterizava pela generalidade de suas normas – avessas à taxatividade de sua incidência,[48] e pela absoluta discricionariedade e arbitrariedade conferidas ao Juiz de Menores,[49] com forte ênfase à internação de crianças.

Para fazer frente a esse modelo, os Poderes públicos empreenderam uma política de criação de instituições,[50] a fim de atender às categorias que vinham se definindo com mais clareza: os abandonados, os moralmente abandonados e os delinquentes. Para esses, as novas instituições ancoravam-se, cada vez mais, na rigorosa disciplina interna,

---

[46] RIZZINI; RIZZINI, 2004, p. 30.

[47] LIBERATI, Wilson Donizeti. *Adolescente e ato infracional – medida sócio-educativa é pena?* São Paulo: Juarez de Oliveira, 2004. p 30-33.

[48] O Código Mello Mattos classificou os "menores" nas categorias de abandonados, vadios, mendigos e libertinos. Além disso, previa a intervenção sobre o "menor" abandonado, pervertido, ou que estivesse em perigo de o ser, podendo promover a sua colocação em asilo, casa de educação, escola de preservação, ou confiá-lo à pessoa idônea, por todo o tempo necessário a sua educação, contando que não ultrapasse a idade de 21 anos (arts. 26 a 29 e 69, Decreto 17.943, de 12 de outubro de 1927).

[49] A arbitrariedade era tanta que, mesmo considerado inocente pela prática de ilícito penal, o "menor" estava sujeito a receber medida restritiva, a ser cumprida em casa de reeducação, desde que reconhecida a sua periculosidade. Além disso, ficava à disposição da autoridade competente para as informações necessárias sobre sua vida e de sua família.

[50] RIZZINI, Irene; PILOTTI, Francisco (Org.). *Arte de governar crianças – a história das políticas sociais, da legislação e da assistência no Brasil.* Rio de Janeiro: Edusu/ Amais, 1995, p. 27.

valendo trazer à colação a perspectiva de Foucault a esse respeito:

> [...] O momento histórico das disciplinas é o momento em que nasce uma arte do corpo humano que visa não unicamente o aumento de suas habilidades, nem tampouco aprofundar sua sujeição, mas a formação de uma relação que no mesmo mecanismo o torna mais obediente quanto é mais útil, e inversamente. Forma-se então uma política das coerções que são um trabalho sobre o corpo, uma manipulação calculada de seus elementos, de seus gestos, de seus comportamentos. O corpo humano entra numa maquinaria de poder que o esquadrinha, o desarticula e o recompõe. Uma "anatomia política" que é também igualmente uma "mecânica de poder", está nascendo. Ela define como se pode ter domínio sobre o corpo dos outros, não simplesmente para que façam o que se quer, mas para que operem como se quer, como as técnicas, segundo a rapidez e a eficácia que se determina. A disciplina fabrica assim corpos submissos e exercitados, corpos "dóceis".[51]

No entanto, a demanda era crescente, impulsionada pelo acelerado aumento e concentração da população em centros urbanos[52] e, apesar do esforço governamental, tornava-se indispensável ampliar a rede de atendimento. Para tanto, através dos Juízes de Menores, o Estado ampliou a aliança com as entidades privadas que já prestavam atendimento à população pobre. Ao mesmo tempo em que afirmou a intervenção da Justiça no campo social, permitiu às entidades filantrópicas que resgatassem sua intervenção sobre esta população.

Segundo sintetiza Marta de Toledo Machado,

> [...] com a constituição dos juízos de menores e a cristalização do direito do menor, criou-se um sistema sociopenal de controle de toda a infância socialmente desassistida, como meio de defesa social em face da criminalidade juvenil, que somente se revelou possível em razão da identificação jurídica e ideológica entre infância carente e infância delinqüente.[53]

---

[51] FOUCAULT, Michel, 1998, p. 119.

[52] SANTOS, 1993, p. 22.

[53] MACHADO, Marta de Toledo. *A proteção constitucional da criança e adolescentes e os direitos humanos.* Rio de Janeiro: Manole, 2003, p. 42.

Em poucos anos, esse modelo institucionalizante da infância pobre saturou-se, pois não chegou a dar conta da demanda que ele próprio criou, já que não conseguiu internar todos os casos que chegavam aos Juizados,[54] seja por encaminhamentos da própria família, seja pelas mãos da polícia (os chamados menores de rua), além da própria intervenção preventiva dos Juizados. O esgotamento deste modelo se materializa com a superlotação das instituições públicas[55] e o atendimento precário prestado pelas entidades privadas conveniadas, em que pese o custo *per capita* dessas ser bem menor do que daquelas mantidas pelo Estado.

1.4. Do Estado Novo à Ditadura Militar (1937-1964)

A partir do governo de Getúlio Vargas (Estado Novo – 1937), a infância tornou-se uma questão de defesa nacional,[56] o que importou numa série de iniciativas legislativas e administrativas tendentes a superar os problemas de outrora e propiciar maior proteção à infância, acarretando, a partir desse momento, na consolidação de duas categorias distintas: o *menor* e a *criança*.

Com isso, o foco principal passou a ser o fortalecimento da assistência social pública para aqueles segmentos que apresentavam um desajustamento social,[57] principalmente à infância e à família, ocasião em que foram criados órgãos de assistência, como o Departamento Nacional da Criança (DNCr, em 1940),[58] o Serviço de Assistência aos Menores

---

[54] RIZZINI; RIZZINI, 2004, p. 31.

[55] RIZZINI; PILOTTI, 1995, p. 268.

[56] RIZZINI, 2002, p. 46.

[57] RIZZINI; RIZZINI, 2004, p. 31.

[58] Rizzini, loc. cit. refere que o Decreto 2.024, de 17 de fevereiro de 1940, se destinava coordenar as ações dirigidas à criança e à família e estava subordinado ao Ministério da Educação e Saúde.

(SAM, em 1941)[59] e a Legião Brasileira de Assistência (LBA, em 1942).[60]

Enquanto a categoria "criança" passou à esfera médico-educacional, com atividades de prevenção realizadas pelo DNCr, a categoria "menores" se manteve na esfera policial-jurídica, cabendo ao SAM realizar a intervenção, através de centralização, organização e controle[61] dos serviços de assistência, além de realizar estudos e ministrar o tratamento aos menores desvalidos e delinquentes, atividades que até então eram exercidas pelos Juízes de Menores, os quais mantiveram o poder de fiscalizar o regime disciplinar e educativo dos internatos,[62] de acordo com a legislação vigente.

Inicialmente, o SAM, que não contava com qualquer autonomia financeiro-administrativa, passou a gerir trinta e três estabelecimentos, sendo quatro públicos federais e os restantes através de instituições particulares, as quais passaram a receber os menores encaminhados pelos Juízes de Menores. Somente em 1944 é que o SAM adquiriu *status* de entidade de âmbito nacional (Decreto-Lei 6.865, de 11/09/44), contando, uma década depois, com mais de trezentos estabelecimentos particulares articulados, os quais recebiam valor *per capita* por menor atendido.

No plano internacional, a Declaração Universal dos Direitos do Homem (1948), da qual o Brasil foi signatário,[63]

---

[59] Criado através do Decreto-Lei 3.799, de 05/11/1941.

[60] Criada através da Portaria 6.013, de 1/10/1942, do Ministério da Justiça e Negócios Interiores.

[61] Para Foucault (1998, p. 127-142), o controle rigoroso das atividades se constitui em uma das variáveis (as outras são a arte da distribuição, a organização das gêneses e a composição das forças) necessárias à plena disciplina e criação dos chamados por ele como "corpos dóceis".

[62] Foucault (1998, p. 122.) já assentava que, sob a vigência da rígida disciplina, ao lado dos quartéis, a criação dos colégios, no modelo de internato, se revelou o regime de educação "[...] senão o mais freqüente, pelo menos o mais perfeito para o 'encarceramento' dos vagabundos e dos miseráveis do século XVIII".

[63] COMPARATO, Fábio Konder. *A Afirmação Histórica dos Direitos Humanos*. São Paulo: Saraiva, 1999, 216-221.

fez com que as práticas institucionais em relação ao atendimento dispensado aos menores passassem a ser questionados, tendo em vista que, em seus ideários (artigo XXV – 2),[64] constavam regras de proteção à infância, as quais estavam sendo inobservadas internamente.

Em números absolutos, por volta de 1950, estima-se que eram realizados cerca de 10.000 internamentos por ano em toda a rede do SAM.[65] Mesmo assim, a estrutura era considerada ineficiente, pois prestava atendimento inferior àquele realizado na década de vinte e muito abaixo da necessidade, tendo em vista o aumento da população das cidades médias e grandes.[66] Ainda, o atendimento limitava-se a fazer a "[...] triagem e a internação de menores encaminhados pelo Juízo de Menores",[67] sem qualquer atividade educacional e formativa/corretiva, como era o objetivo inicial do Serviço.

Nesse sentido, Paulo Nogueira Filho relata os graves problemas do Órgão, tais como: existência de fraudes no sistema de pagamento às instituições privadas (já que grande parte das instituições não estava formalmente contratada e, mesmo assim, recebia subvenções públicas); muitos dos postos/agências do SAM em vários Estados do País sequer existiam de fato, em que pese possuírem servidores lotados (transformando-se em cabide de empregos para afilhados políticos); a destinação de vagas nos melhores estabelecimentos públicos e privados para falsos desvalidos, através da interferência política; a corrupção generalizada existente na estrutura tanto dos estabelecimentos (*infragang*) quanto no próprio Ministério da Justiça (*super-gang*);

---

[64] Artigo XXV – 2. "A maternidade e a infância têm direito a cuidados e assistência especiais. Todas as crianças nascidas dentro ou fora do matrimônio gozarão da mesma proteção social".

[65] RIZZINI, 2002, p. 46.

[66] SANTOS, 1993, p. 26-27.

[67] RIZZINI, loc. cit, cita que no Rio de Janeiro, entre 1950 a 1953, foram internados 3.721 menores contra 4.085 menores internados pelo Juízo de Menores do DF, entre 1927 e 1930.

O DIREITO À CONVIVÊNCIA FAMILIAR E COMUNITÁRIA

maus-tratos impingidos aos internos nos estabelecimentos públicos, além de alimentação de péssima qualidade, superlotação, ociosidade, falta de higiene, precariedade dos estabelecimentos, venda de menores para organizações criminosas e, no caso de meninas, aos prostíbulos; abusos sexuais, castigos corporais que, em muitos casos, levavam à morte dos internos, além de fugas constantes.[68]

Esses fatos passaram a ser objeto dos mais diversos ataques, tendo o SAM alcançado um péssimo estigma perante a opinião pública, representando mais uma ameaça do que proteção à criança pobre. Era comum que seus estabelecimentos fossem rotulados como "Escola do Crime", "Fábrica de Criminosos", "Sucursal do Inferno", "Fábrica de Monstros Morais", "Presídios de Menores", "SAM – Sem Amor ao Menor",[69] dando início a movimentos incessantes de setores de órgãos públicos, inclusive do próprio SAM, além da contestação do meio político, que postulavam a reforma da legislação[70] e a extinção do SAM. O tema, inclusive, foi objeto de uma Comissão Parlamentar de Inquérito – CPI – no Congresso em 1955, a qual, no entanto, não apresentou qualquer resultado concreto.

Com a promulgação da Declaração Universal dos Direitos da Criança – UNICEF (1959), que consagrou o princípio do interesse superior da criança,[71] a situação do sistema

---

[68] FILHO, Paulo Nogueira. *Sangue, corrupção e vergonha*. Rio de Janeiro: SAM 1956, p. 30

[69] Ibidem, p.32.

[70] Inúmeras propostas foram realizadas, pelos mais diversos setores da vida pública, para a reforma do Código Mello Matto, movimento que se iniciou logo após a sua vigência, ganhando força com o agravamento da situação do SAM na década de 50 e aprovação da Declaração dos Direitos da Criança – ONU, em 1959. Essas discussões continuaram com a ascensão do Governo Popular de João Goulart (1961) e foram duramente abafadas com o "golpe militar" de 1964, somente sendo retomadas na década de 70, quando foi promulgado o Código de Menores em 1979 – este ponto será retomado no próximo item.

[71] Preâmbulo: "Direito a especial proteção para o seu desenvolvimento físico, mental e social. Princípio II: – A criança gozará de proteção especial e disporá de oportunidade e serviços, a serem estabelecidos em lei por outros meios, de modo que possa desenvolver-se física, mental, moral, espiritual e socialmente de

de proteção engendrado pelo Estado brasileiro tornou-se insustentável.

Mas somente em 1961, com o surgimento de novas denúncias, o Ministério da Justiça realizou sindicância no SAM, constatando a gravidade das "[...] irregularidades, falhas e deficiências, técnicas e administrativas"[72] apontadas, efetuando proposta de extinguir o Serviço, o que somente se concretizou através da Lei 4.513, de 1/12/1964, com a criação da Fundação Nacional de Bem-Estar do Menor – FNBEM – após, FUNABEM.

1.5. Da Ditadura Militar à Democratização do Brasil (1964-1984)

A nova estrutura governamental, nascida sob a égide do golpe militar (revolução, para outros) de 1964, pretendia ser a antítese do modelo anterior (anti-SAM),[73] além de conduzir a formulação e implantação da Política Nacional do Bem-Estar do Menor (PNBEM), mediante o estudo do problema e planejamento das soluções, orientação, coordenação e fiscalização das entidades que executassem essa política (art. 5°), sendo dotada de autonomia administrativa[74] e financeira,[75] com caráter eminentemente normativo. Assim, esperava-se afastar os fantasmas da burocracia, da corrupção e da perversidade no atendimento prestado aos *menores* atendidos.

---

forma saudável e normal, assim como em condições de liberdade e dignidade. Ao promulgar leis com este fim, a consideração fundamental a que se atenderá será o interesse superior da criança".

[72] RIZZINI; PILOTTI, 1995, p. 285.

[73] RIZZINI; RIZZINI, 2004, p. 36.

[74] A FUNABEM era diretamente subordinada à Presidência da República e era administrada por um presidente e por um Conselho Nacional, formado por representantes de órgãos do Poder Executivo e da sociedade civil (OAB e CNBB, por exemplo).

[75] A FUNABEM era encarregada do repasse de recursos para outras entidades públicas e privadas.

Esta política tinha como sustentáculo ideológico a garantia da segurança nacional, com forte conteúdo repressivo, à medida que "[...] grupos de menores passaram a colocar em risco a ordem pública, participando, ostensivamente, em ações e crimes contra o patrimônio e homicídios. No plano discursivo, a tônica era a valorização da vida familiar e a integração do menor na comunidade".[76]

A internação somente deveria ocorrer em último caso, como forma de interromper o ciclo da crescente marginalização decorrente do processo de empobrecimento da população brasileira.[77]

Nos primeiros anos desse modelo, aparentemente os resultados eram promissores, principalmente quanto a construção de novos estabelecimentos e à reestruturação física e humana daqueles já existentes, ocorrendo sensível melhora nas condições concretas de atendimento à população-alvo, com a realização de investimentos financeiros significativos à interiorização da PNBEM nas cinco regiões do Brasil, sendo criadas estruturas administrativas semelhantes nos Estados[78] (Funsação do Bem Estar do Menor – FEBEM – ou secretarias especiais).[79]

No entanto, o emprego de estratégia única para solucionar problemas diversos em todo o território nacional, sustentada pela ideologia da segurança nacional, em que pesem o discurso e o objetivo do PNBEM pela não internação, em realidade, reestruturou e intensificou a antiga prática do recolhimento de crianças nas ruas, independente de terem ou não cometido algum ato ilícito penal,[80] já que

---

[76] RIZZINI; RIZZINI, 2004, p. 36.

[77] RIZZINI; PILOTTI, 1995, p. 304.

[78] RIZZINI; RIZZINI, loc. cit.

[79] RIZZINI; PILOTTI, op. cit., p. 316.

[80] Rizzini; Rizzini (2004, p. 37-40) referindo dados da FUNABEM, informam que, entre 1967 a 1972, foram recolhidas 53 mil crianças somente no Rio de Janeiro e 33 mil em São Paulo. No ano de 1966, citando a pesquisa sobre menores no Brasil realizada por Mário Altenfelder, estavam internadas 83.395. No entanto, segundo outra fonte referida (João Benedito de Azevedo Marques, ex-presiden-

consideradas como portadoras de uma conduta antissocial, acrescido da prática do exílio a que eram submetidas, sendo, geralmente, retidas e afastadas de seu meio social e recolhidas em estabelecimentos distantes de suas famílias. Para legitimar ainda mais a prática da internação sistemática de crianças e adolescentes, já corrente desde os primórdios da construção da assistência à infância no Brasil, era comum nos meios oficiais do bem-estar do menor a visão negativa e estigmatizante da família, vista como desorganizada, incapaz de educar e criar seus filhos. A disfunção familiar era vista com indiferença e insensibilidade, situação confirmada e reforçada através de sistemáticos estudos sobre a composição familiar dos internos,[81] bem como pela produção legislativa vigente.

Em 1976, a crise desse modelo de assistência começou a ser debatida no meio político. O Congresso Nacional instaurou (nova) Comissão Parlamentar de Inquérito – CPI do Menor –, cujas conclusões se assemelhavam àquelas verificadas durante o declínio do SAM, mas em proporções ainda maiores, quando foi proposta ao governo federal a criação de um Ministério Extraordinário, que coordenasse todos os demais organismos envolvidos. Para tanto, a estratégia deveria ser o sistemático "[...] recolhimento dos menores abandonados que perambulam pelas ruas das nossas principais cidades – principalmente nas regiões metropolitanas, densas de marginalização social",[82] isso como

---

te da FEBEM/SP), em 1976, foram prestados 35.269 atendimentos, sendo 12.456 em regime de internamento e outros 21.759 em semi-internamento. Já em 1984, segundo dados produzidos pela própria FUNABEM, 8% do total dos atendimentos prestados (estimados em 504.379 – Relatório Anual – e em 700.000 conforme apresentação da então presidente da FUNABEM) eram em sistema de internação, girando em torno de 40.300 a 56.000 crianças e adolescentes internados nas unidades do sistema FUNABEM/FEBEMs. Destes, apenas 5% eram autores de algum ilícito penal

[81] Rizzini; Rizzini (2004, p. 41) citam duas pesquisas realizadas pela FUNABEM com as famílias de menores internados, revelando que 44,7% eram constituídas apenas pela mãe; em 39,2% não haviam pai, nem mãe; em 10,8%, com pai e mãe e 5,3%, somente com pai.

[82] RIZZINI; PILOTTI, 1995, p. 315.

forma de garantia à própria sobrevivência deste segmento social.

Apesar da veemência das conclusões, a única alteração significativa foi a transferência da FUNABEM para o Ministério da Previdência e Assistência Social, onde permaneceria até o final de seus dias.

Já no plano legislativo, inicia-se intenso debate jurídico sobre a premente necessidade de reforma da legislação menorista, que ganhou fôlego com a realização de inúmeros seminários e congressos no Brasil, principalmente ao longo da década de 70. É nesse período que dois movimentos se articularam para impor um novo projeto de assistência à infância. De um lado, Juízes de Menores, tendo no Rio de Janeiro seu vértice principal, advogavam a adoção das bases do chamado Direito Menorista, com ênfase no resgate dos poderes normativos dos Juízes de Menores, nos moldes do Código Mello Mattos de 1929. De outro, juristas de São Paulo pregavam a ampla restrição da intervenção da esfera jurídica com concomitante perspectiva social e humanitária, cujo foco eram os direitos da criança, de acordo com a Declaração Universal dos Direitos da Criança da ONU, de 1959. Apesar da apresentação de projeto de lei neste sentido, no embate perante o Congresso Nacional, o movimento dos juízes cariocas logrou ser mais ágil, restando aprovadas as suas proposições, vindo a promulgação do Código de Menores (Lei 6.679, em 10/10/1979).

Acolhendo os dogmas da Doutrina da Situação Irregular, que já havia influenciado toda a política de atendimento implantada desde o Código Mello Mattos, a nova legislação considerava o menor – pessoa abaixo de dezoito anos – como objeto do ordenamento jurídico, não apenas pelo prisma penal, mas também quando presentes as hipóteses caracterizadoras da chamada situação irregular,[83]

---

[83] A definição legal de situação irregular estava prevista no art. 2º da Lei 6.679/79 – Código de Menores.

definidas através de categorias vagas e ambíguas,[84] vinculadas, via de regra, a uma "patologia social",[85] isto é, quando não se ajustavam aos padrões estabelecidos a situação regular imaginada pelo legislador, associando a infância pobre à delinquência.

Segundo Paulo Lúcio Nogueira,

[...] a situação irregular poderia ser definida como situações de perigo que poderão levar o menor a uma marginalização mais ampla, pois o abandono material ou moral é um passo para a criminalidade... A situação irregular do menor é, em regra, conseqüência da situação irregular da família, principalmente com sua desagregação.[86]

Essa visão estigmatizante muito bem sintetiza a forma de pensar daquela época.

No que se refere ao atendimento, a institucionalização da infância pobre (distinção entre criança – a bem nascida – e o menor rotulado como em situação irregular) continua sendo a tônica principal, reforçando a ideia das grandes instituições, onde se misturavam infratores (autores de delitos) e abandonados (vitimizados por abandono e maus-tratos), competindo ao Juiz de Menores, que dispunha de amplos poderes discricionários, determinar a privação da liberdade, sem qualquer limitação de tempo, tanto para um quanto para outro grupo.

Com essa legislação e o acentuado processo de urbanização verificado entre as décadas de 1970 e 1980,[87] não demorou muito para a estrutura de atendimento existente nas entidades mantidas pela rede FUNABEM-FEBEMs se tornar insuficiente, ainda mais por ter permanecido hígida a prática das internações de crianças e adolescentes, prin-

---

[84] SARAIVA, 2003, p. 45.

[85] MÉNDEZ, Emilio Garcia. *Infância e cidadania na América Latina*. Tradução de Angela Maria Tijiwa. São Paulo: Ilucitec/Instituto Airton Senna, 1998, p. 47.

[86] NOGUEIRA, Paulo Lúcio. *Comentários ao código de menores*. São Paulo: Saraiva, 1988.

[87] CHAVES, Antônio. *Comentários ao Estatuto da Criança e do Adolescente*. 2. ed. São Paulo: LTr, 1997, p. 29.

cipalmente de setores pauperizados da sociedade brasileira,[88] consagrando-se como sistema de controle da pobreza, definido por Emílio Garcia Mèndez como sociopenal,[89] tendo na figura do Juiz de Menores o instrumento de execução e controle mais contundente.

1.6. Democratização do Brasil

Em nível internacional, no final dos anos 70, inicia-se a discussão quanto à elaboração de normativa que abandonasse o caráter tutelar à criança até então vigente, notadamente em face da comemoração do vigésimo aniversário da Declaração dos Direitos da Criança da ONU.

Já internamente, essas discussões também foram incorporadas ao cenário nacional, tendo em vista que havia forte segmento jurídico – ancorado principalmente em São Paulo – que defendia a emancipação da criança e do adolescente, assim como emergente movimento social que atuava diretamente com crianças, principalmente com aquelas que faziam das ruas seu *locus* de vida,[90] os quais passaram a questionar, através de estudos acadêmicos, seminários e congressos, a política institucionalizadora da infância pobre vigente no Brasil, além de apresentar experiências, fundadas em métodos alternativos de assistência à criança e ao adolescente, não mais como objetos de intervenção estatal, mas como titulares dos mesmos direitos fundamentais dos adultos, acrescidos de direitos especiais típicos de sua peculiar condição de pessoas em desenvolvimento.

Essa nova concepção partia do fundamento de que as crianças e os adolescentes não deveriam ser afastados de suas famílias, ganhando força a percepção de que o

---

[88] CHAVES, 1997, p. 352-354.

[89] MÉNDEZ, 1998. p 57.

[90] COSTA, Antônio Carlos Gomes da. De menor a cidadão: notas para uma história do novo direito da infância e da juventude no Brasil. Brasília: CBIA, s.d., p. 24.

foco principal de intervenção deveria ser o enfrentamento das "[...] causas estruturais ligadas as raízes históricas do processo de desenvolvimento político-econômico do país, tais como a má distribuição de renda e a desigualdade social".[91]

Agregam-se a isso os ventos da abertura democrática (1984), a ascensão de um governo civil (José Sarney, 1985) e o suporte de alguns setores de vanguarda técnica do próprio governo (FUNABEM e Ministério da Previdência e Assistência Social) que, com apoio de organismos internacionais (UNICEF), acabaram solidificando um forte movimento,[92] de abrangência nacional e de oposição à Doutrina da Situação Irregular, esta representada formalmente pelo Código de Menores de 1979.

A par disso, em 1986, desvela-se o reconhecimento estatal do fracasso e falência do modelo sustentado, até então, pela FUNABEM,[93] que se viu forçada a rever seus paradigmas, acolhendo o discurso de defesa dos direitos das crianças e incorporando as novas demandas emergentes da sociedade civil.[94]

Essa articulação nacional em defesa dos direitos das crianças e dos adolescentes consolidou-se através da criação da Comissão Nacional da Criança Constituinte, que

---

[91] RIZZINI; RIZZINI, 2004, p. 47.

[92] LIBERATI, 2004, p. 35.

[93] A FUNABEM patrocinou a realização do "Projeto Diagnóstico Integrado Para Uma Nova Política do Bem-Estar do Menor", que revelou a total falência do modelo, apontando os problemas estruturais, desde a primeira centralização da política (PNBEM) e descentralização da execução – considerado "autoritário", "perverso" e "irrelevante; a falta de articulação e integração das instâncias; com a superposição de ações, a diluição dos recursos e o conflito no campo institucional; a descontinuidade na implantação de política e programas em face às mudanças sucessivas de governos, com ênfase no "clientelismo". Ainda, eram crescentes as denúncias da violência institucional contra os internados, tanto nas unidades mantidas pela FUNABEM, quanto nas unidades das FEBENS. Ao final, após apontar à necessidade da descentralização e ação conjunta e resgate da cidadania, recomendava-se a "dissolução da instituição que não quis ou não pode adequar-se a nova realidade". In. RIZZINI; PILOTTI, 1995, p. 319.

[94] RIZZINI; PILOTTI, 1995, p. 323.

passou a influenciar o processo constituinte instalado no Congresso Nacional e, acolhendo as bases teóricas da Doutrina da Proteção Integral, fez inscrever, no texto constitucional de 1988, o art. 227, *in verbis:*

> Art. 227. É dever da família, da sociedade e do Estado assegurar à criança e ao adolescente, com absoluta prioridade, o direito à vida, à saúde, à alimentação, à educação, ao lazer, à profissionalização, à cultura, à dignidade, ao respeito, à liberdade e à convivência familiar e comunitária, além de colocá-los a salvo de toda a forma de negligência, discriminação, exploração, violência, crueldade e opressão.

Essa disposição, de forma pioneira, acolheu antecipadamente as regras da Convenção sobre os Direitos da Criança das Nações Unidas das Nações, promulgada em 20 de novembro de 1989,[95] vindo a desaguar na elaboração e publicação do Estatuto da Criança e do Adolescente – ECA, através da Lei 8.069, de 13 de julho de 1990.

Com a edição da nova legislação, não havia mais espaço à manutenção da estrutura governamental montada através da FUNABEM, a qual foi extinta em 1989, com a criação do Centro Brasileiro para a Infância e da Adolescência – CBIA, cuja missão consistia em apoiar, no País inteiro, a implantação do Estatuto da Criança e do Adolescente, sendo destituído de qualquer função executiva das ações e medidas previstas na novel legislação.

Ao longo dos anos 90, principalmente após a promulgação da Lei 8.742/93, conhecida como Lei Orgânica da Assistência Social – LOAS,[96] o grande esforço nacional, tanto de instituições públicas (Nacional e Internacional) quanto dos movimentos de defesa de direitos e organizações não governamentais que surgiram, passou a ser a implantação da nova estrutura prevista no ECA, em todos os

---

[95] Incorporada no Direito Pátrio através do Decreto Legislativo n° 28, de 14 de setembro de 1990.

[96] A LOAS regulamentou o artigo 203 da Constituição Federal e restringiu a ação estatal, na área de assistência social, somente a quem dela necessitar, e não mais como instrumento de controle sociopenal da pobreza.

níveis da federação, notadamente no âmbito municipal, em face da adoção do princípio da municipalização das políticas de atendimento à infância e à juventude (art. 88, I e III, ECA), em consonância com a política de seguridade social prevista na Constituição Federal de 1988 (arts. 195, § 10,[97] e 204, I).[98] Para tanto, muitos Estados e Municípios deram início à implementação da nova política de atendimento instituída pelo ECA, através da criação dos Conselhos Estaduais e Municipais de Direitos das Crianças e dos Adolescentes (art. 88, II, ECA) – como órgãos definidores da política a ser instituída em cada nível – e dos Conselhos Tutelares, esses exclusivamente nos Municípios, como órgãos de defesa local dos direitos das crianças e dos adolescentes previstos no ordenamento jurídico vigente (art. 131 do ECA).

Também permitiu dar início ao processo de descentralização político-administrativa da União para os Estados e Municípios, tanto em relação à coordenação quanto à execução dos diversos programas de proteção, destinados às crianças e aos adolescentes em situação de vulnerabilidade pessoal e social (como a medida protetiva de abrigo para crianças e adolescentes em situação de abandono, vítimas de maus-tratos e/ou violência), e socioeducativos, destinados aos adolescentes em conflito com a lei, todos previs-

---

[97] Art. 195. A seguridade social será financiada por toda a sociedade, de forma direta e indireta, nos termos da lei, mediante recursos provenientes dos orçamentos da União, dos Estados, do Distrito Federal e dos Municípios, e das seguintes contribuições sociais:

§ 10º A lei definirá os critérios de transferência de recursos para o Sistema Único de Saúde e ações de assistência social da União para os Estados, o Distrito Federal e os Municípios, e dos Estados para os Municípios, observada a respectiva contrapartida de recursos

[98] Art. 204. As ações governamentais na área da assistência social serão realizadas com recursos do orçamento da seguridade social, previstos no art. 185, além de outras fontes, e organizadas com base nas seguintes diretrizes:

I – descentralização político-administrativa, cabendo a coordenação e as normas gerais à esfera federal e a coordenação e a execução dos respectivos programas às esferas estadual e municipal, bem como a entidades beneficentes e de assistência social.

tos na novel legislação (art. 90, I a VII, do ECA), operando, pelo menos do ponto de vista legal e pela primeira vez ao longo da história brasileira, a separação dos programas de atendimento, devendo estes ser executados em unidades de atendimento diversas uma da outra.[99]

Em 1995, veio a extinção do CBIA e da remanescente LBA, sendo suas atribuições assumidas por outros órgãos do governo federal,[100] sem qualquer atuação executiva, mas como órgãos de gestão das políticas públicas à infância e à juventude, com separação definitiva das atividades voltadas à área da assistência social,[101] daquelas voltadas a defesa e garantia de direitos, que foram encampadas pela área de direitos humanos, mantendo-se, em ambas as áreas, como agentes financiadores[102] dos programas executa-

---

[99] No Rio Grande do Sul, a FEBEM/RS foi criada em 1969, mas somente em 1999 é que a área de proteção especial (abrigos), mesmo já separada dos programas de privação de liberdade, foi transferida à Secretaria do Trabalho, Cidadania e Assistência Social e, em 2000, ocorreu a definitiva autonomia administrativa, quando foi criada a FASE – Fundação de Atendimento Socioeducativo (destinada ao cumprimento das medidas socioeducativas) e da FPE – Fundação de Proteção Especial (destinada a executar a Medida Protetiva de Abrigo). In. RIO GRANDE DO SUL. Programa de Execução de Medidas Socioeducativas de internação e Semi-liberdade – PEMSEIS. Porto Alegre, 2002.

[100] Em 1995, no primeiro Governo de Fernando Henrique Cardoso, as atribuições foram assumidas pela Secretarias de Defesa dos Direitos da Cidadania, no Ministério da Justiça, e pela Secretaria de Assistência Social, no Ministério da Previdência e Assistência Social.

[101] Em 2003, no Governo de Luís Inácio Lula da Silva, a área da assistência social voltada a infância e juventude deslocou-se para o Ministério da Ação Social, transformado, em 2004, em Ministério do Desenvolvimento Social e Combate à Fome – MDS –, ficando responsável pelo suporte técnico e financeiro dos programas sociais destinados às crianças e aos adolescentes em abrigos (em situação de abandono e vítimas de maus-tratos e/ou violência), bem como as ações de apoio àqueles em situação de risco pessoal e social e de apoio sócio-familiar e socioeducativo em meio aberto (Dentre outros programas, o MDS é responsável pelos programas: Fome Zero; Bolsa Família; Programa de Atenção integral à Família – PAIF; Programa de Combate à Exploração Sexual de Criança e Adolescente; Atenção à Criança de 0 a 6 anos; Programa de Erradicação do Trabalho Infantil; Programa Agente Jovem de Desenvolvimento Social e Humano).

[102] O financiamento federal se dava com base em valor *per capita*, definido a partir da média histórica de atendimento prestado por cada unidade da federação, segundo o cadastro das entidades (públicas ou privadas) na Rede de Serviço de Ação Continuada – Rede SAC – do Ministério do Desenvolvimento Social e Com-

dos pelos demais entes da federação, diretamente através de sua rede ou mediante convênio com entidades filantrópicas ou assistenciais.

1.7. Brasil, um Estado Democrático de Direito

Consolidada a democracia brasileira,[103] pelo menos não havendo mais ameaças às suas Instituições Políticas,[104] e, percorridas quase duas décadas da promulgação dos textos legais que posicionaram o Brasil como um dos países com a mais avançada legislação na área da infância e da juventude,[105] verifica-se que o País alcançou índices significativos de implementação da estrutura prevista no ECA.[106]

No entanto, diante da clareza dos textos legais, ainda se questiona: como as famílias, especialmente aquelas mais expostas aos efeitos da desigualdade social, conseguirão assegurar aos seus filhos todos os direitos elencados no art. 4º do ECA? Mesmo não concordando com a dura crítica feita por Demo[107] às normas previstas no ECA, não podemos lhe tirar a razão quando refere que,

---

bate à Fome – MDS. No entanto, segundo as diretrizes da LOAS (Lei 9.604/98) e da NOB/SUAS, em junho 2005, a forma de financiamento passou a se dar por Pisos de Proteção, com maior flexibilidade e de acordo com as necessidades locais (Portaria 440/2005 e 442/2005 do MDS).

[103] LEAL, Rogério Gesta. *Estado, Administração Pública e Sociedade*: Novos paradigmas. Porto Alegre: Livraria do Advogado, 2006, p. 35.

[104] BOBBIO, Norberto. *Estado, Governo e Sociedade*: Para uma teoria geral da política. 13. ed. São Paulo. Paz e Terra, 2007, p. 135.

[105] VERONESE; COSTA, 2006, p. 60.

[106] Até final de 2006, aproximadamente 70% dos municípios brasileiros contavam com, pelo menos, um Conselho Tutelar, com exceção de alguns Estados brasileiros (Piauí, Bahia e Maranhão, que ainda não atingiram 50% de cobertura dos municípios). No Rio Grande do Sul 95% dos municípios dispõem de Conselho Tutelar. In. PESQUISA Nacional "Conhecendo a Realidade", Disponível em: <http://www.presidencia.gov.br/estrutura_presidencia/sedh/spdca/sgd/pro_conselho/Pesquisas_MSE>. Acesso em: 18 jan. 2008.

[107] DEMO, Pedro. *Cidadania tutelada e cidadania assistida*. Campinas: Autores Associados, 1995, p. 102.

O DIREITO À CONVIVÊNCIA FAMILIAR E COMUNITÁRIA

[...] enquanto não resolvida a questão da pobreza, o problema somente tenderá a crescer cada vez mais, clamando por políticas públicas, de caráter social, com duplo enfoque: preventiva, pois deve ir às origens do problema, e curativa, tendentes a minimizar o mal.[108]

Para fazer frente a tamanho paradoxo, somente verificável em um país periférico como o Brasil, é que se justifica a existência e a necessidade de uma legislação, inclusive com sede constitucional, para afirmar direitos tão fundamentais à sobrevivência da espécie como o direito à convivência familiar e comunitária.

No entanto, somente em meados de 2002, após os dados levantados pela Caravana da Comissão de Direitos Humanos da Câmara dos Deputados,[109] que se (re)inicia, no Brasil, uma série de encontros promovidos por órgãos do Governo Federal (Departamento da Criança e do Adolescente – DCA, vinculado ao Ministério da Justiça, Secretaria de Estado de Assistência Social – SEAS, integrante do Ministério da Previdência e Assistência Social) e setores da sociedade civil, juntamente com representantes do Fundo das Nações Unidas para Infância – UNICEF. Esses encontros tinham a finalidade de ampliar e qualificar o debate sobre a questão da abrigagem, especialmente porque não haviam informações confiáveis acerca da população infanto-juvenil que permanecia vivendo em instituições de abrigo (estimadas em 200 mil),[110] privadas, portanto, do exercício do direito à convivência familiar e comunitária como consagrado na legislação Constitucional e Ordinária.

Após ampla discussão com os mais diversos setores da sociedade civil, restou deliberada a realização de diagnóstico nacional de abrigos, atividade que coube ao Instituto

---

[108] DEMO, 1995, p. 21.

[109] Durante os meses de setembro a dezembro de 2001, Deputados Federais percorreram oito estados brasileiros com o objetivo de verificar a real situação dos programas de abrigos para crianças e adolescentes, sendo que seus resultados foram apresentados no Caderno Especial "Órfãos do Brasil", no Correio Braziliense, em 09/01/2002.

[110] RIZZINI; RIZZINI, 2004, p. 51.

de Pesquisa Econômica Aplicada (IPEA),[111] sendo concluída em meados de 2003, com a publicação do "Levantamento Nacional dos Abrigos para Crianças e Adolescente da Rede de Serviço de Ação Continuada", que teve por base as 670 entidades que compunham a Rede de Serviços de Ação Continuada (Rede SAC).

A partir da apresentação do referido estudo, iniciaram-se as discussões para elaboração de um Plano de Ação que contemplasse o mais amplo enfrentamento das questões desvendadas. Assim, entre meados de 2004 e meados de 2005, através de uma Comissão Intersetorial, foram pautados quatro eixos estratégicos à elaboração do referido Plano de Ação, a saber: I- a análise de situação e sistemas de informação; II- o atendimento; III- os marcos regulatórios e normativos; e IV- a mobilização, articulação e participação.

Em final de julho de 2005, foi publicada uma Versão Preliminar que, após consulta pública, em 13 de dezembro de 2006, foi concluída e aprovada pela Conselho Nacional dos Direitos da Criança e Adolescente (CONANDA) e pelo Conselho Nacional de Assistência Social (CNAS), dando origem ao Plano Nacional de Promoção, Proteção e Defesa do Direito à Convivência Familiar e Comunitária.[112]

No referido documento, foram fixadas diretrizes à efetivação do direito à convivência familiar e comunitária, que deverão nortear as ações e a formulação das políticas públicas, tidas como políticas de Estado para o período de 2007 a 2015, tendentes à efetiva garantia daquele direito, a saber:

- Centralidade da família nas políticas públicas;
- Primazia da responsabilidade do Estado no fomento de políticas integradas de apoio à família;
- Reconhecimento das competências da família na sua organização interna e na superação de suas dificuldades;

---

[111] IPEA/DISOC, 2003.

[112] Aprovado pela Resolução Conjunta n° 01, de 13 de dezembro de 2006, CONANDA/CNAS.

- Respeito à diversidade étnico-cultural, à identidade e orientação sexuais, à eqüidade de gênero e às particularidades das condições físicas, sensoriais e mentais;
- Fortalecimento da autonomia da criança, do adolescente e do jovem adulto na elaboração do seu projeto de vida;
- Garantia dos princípios de excepcionalidade e provisoriedade dos Programas de Famílias Acolhedoras e de Acolhimento Institucional de crianças e de adolescentes;
- Reordenamento dos programas de Acolhimento Institucional;
- Adoção centrada no interesse da criança e do adolescente;
- Controle social das políticas públicas.

Pode-se dizer que estamos diante do início de uma nova fase da política pública de atendimento à criança e ao adolescente no Brasil, superando-se o paradigma de ações meramente tutelares, para ingressar numa etapa baseada na necessária articulação das políticas públicas voltadas à garantia desse tão importante direito às crianças e aos adolescentes, especialmente daqueles que ainda se encontram privados da convivência familiar e comunitária.

Para tanto, compreender, confrontar e apontar caminhos à superação da questão da abrigagem no Brasil e, com isso, garantir a todas as crianças e adolescentes a plena convivência familiar e comunitária, é missão de todos, ainda mais diante desta singular oportunidade que se desvenda a partir do novel Plano Nacional.

2. Direito à convivência familiar e comunitária: aspectos relevantes

2.1. Novo paradigma: a doutrina da proteção integral

Com o advento da Constituição Federal e do Estatuto da Criança e do Adolescente, foram fixadas as diretrizes gerais das políticas públicas de atendimento às crianças e aos adolescentes, reconhecendo-os como verdadeiros cidadãos.[113]

Pelo novo paradigma filosófico-político introduzido pela novel Doutrina, as crianças e os adolescentes devem ser considerados sujeitos de plenos direitos, bem como deve ser respeitada a sua peculiar condição de pessoa em desenvolvimento, competindo à família, à sociedade e ao Estado garantir, com prioridade absoluta, a efetividade de suas necessidades.

A proteção integral da infância e juventude, enquanto titulares de todos os direitos fundamentais inerentes à pessoa humana, não afasta a necessidade de proteção especial àquelas crianças e adolescentes que, em decorrência de situação de risco pessoal ou social, passam a merecer a atenção específica da família, da sociedade e do Estado.

---

[113] VERONESE; COSTA, 2006, p. 51

Esse novo pensamento doutrinário, a par de produzir profunda ruptura com a doutrina até então vigente, contribuiu decisivamente para consolidar um corpo de legislações internacionais[114] que, para Emílio Garcia Mèndez, constitui-se em verdadeira Doutrina das Nações Unidas de Proteção Integral da Infância, modificando total e definitivamente a velha Doutrina da Situação Irregular.[115]

Para a consolidação desse novo paradigma, as suas bases teóricas fundam-se na idéia central de se reconhecer a criança e o adolescente como sujeitos de plenos direitos, sendo que o ordenamento jurídico, ao estabelecê-los, não mais o faz através do reconhecimento como direitos/deveres de terceiros, mas de forma direta e objetiva, sendo que os titulares destes direitos passam a ser todas as crianças e os adolescentes, tanto numa perspectiva individual como coletiva, elevando-os à condição de cidadãos.[116]

A atuação legal deixa de incidir exclusivamente sobre a criança e o adolescente como se fossem os únicos res-

---

[114] Os principais textos internacionais que fazem parte são:

– As Regras Mínimas das Nações Unidas para a Administração da Justiça de Menores (1985)

– Convenção de Haia – UNICEF – Relativa a Proteção das crianças e a cooperação em matéria de Adoção Internacional – 1986

– Regras de Beijing A Convenção sobre Direitos da Criança das Nações Unidas (1989);

– Convenção Interamericana sobre Restituição Internacional de menores – Montevidéu – 1989;

– As Regras Mínimas das Nações Unidas para a Proteção dos Jovens Privados de Liberdade – 1990;

– Diretrizes das Nações Unidas para a Prevenção da Delinquência Juvenil–Diretrizes de Riad – 1990;

– Convenção Relativa à Proteção das Crianças e à Cooperação em Matéria de Adoção Internacional – 1993.

[115] MÉNDEZ, 1997, p. 113.

[116] Liszt Vieira oferece a definição de cidadania aqui empregado "[...] cidadania, numa perspectiva 'pós-moderna', deveria deixar de lutar por seus interesses específicos para preocupar-se com o direito de todos, a fim de se constituir verdadeiramente em uma cidadania universal". In VIEIRA, Liszt. *Cidadania e globalização*. Rio de Janeiro: Record, 1997.

ponsáveis pela situação de fato em que eram levados, para deslocar-se, notadamente quanto à exigibilidade do cumprimento desses direitos, à família, à sociedade e ao Estado, assim definido por Paulo Afonso Garrido de Paula:

> [...] se, num passado remoto, a criança ou adolescente era coisa conseqüentemente descartável e, num passado recente, interessava apenas ao direito penal, depois, em razão de alguma patologia, erigia-se um conjunto de normas tendentes à integração sócio-familiar (doutrina da situação de risco), modernamente passa a ser considerado como sujeito de direitos, sendo-lhe devida a proteção integral perante a família, a sociedade e o Estado.[117]

A Doutrina da Proteção Integral parte do pressuposto, portanto, de que todos os direitos das crianças e dos adolescentes devem ser reconhecidos e se constituem em direitos especiais e específicos pela condição que ostentam de pessoas em desenvolvimento, devendo garantir a

> [...] satisfação de todas as necessidades das pessoas até dezoito anos, não incluindo apenas o aspecto penal do ato praticado pela ou contra a criança, mas o seu direito à vida, à saúde, à educação, à convivência familiar e comunitária, ao lazer, à profissionalização, à liberdade, entre outros.[118]

A compreensão do significado do termo *proteção* insere-se

> [...] no sentido de resguardo às condições para a felicidade atual e futura, enquanto o termo *integral* relaciona-se à idéia de ser devida à totalidade dos seres humanos, nos seus mais variados aspectos, notadamente físico, mental, moral, espiritual e social.[119]

A condição peculiar de pessoa em desenvolvimento e a prioridade absoluta passam a formar, juntamente com a noção de sujeitos de direitos, o tripé fundamental à plena compreensão e aplicação da novel doutrina, alterando-se

---

[117] PAULA, Paulo Afonso Garrido de. *Direito da criança e do adolescente e tutela jurisdicional diferenciada*. São Paulo: RT, 2002, p. 25.

[118] SARAIVA, 2003, p. 15.

[119] MACHADO, 2003, p. 25.

conceitos, práticas e ações de todos em relação à população infanto-juvenil.

Como condição peculiar de pessoa em desenvolvimento, expressamente prevista no artigo 227, § V, da CF/88 e na parte final do art. 6º do ECA, compreende-se muito mais do que a simples definição legal dos sujeitos desta proteção, que são crianças (até doze anos incompletos) e adolescentes (de doze a dezoito anos), mas como suporte hermenêutico na interpretação de todos os dispositivos da legislação de vanguarda.

Ocorre que, nesta etapa da vida, as crianças e os adolescentes estão em pleno desenvolvimento físico, mental, moral, espiritual e social, bem como adquirindo habilidades, capacidades e, sobretudo, apreendendo e desenvolvendo sentimentos em relação ao mundo em que estão inseridos.

Por se acharem na peculiar condição de pessoas humanas em desenvolvimento, as crianças e os adolescentes encontram-se em situação especial e de maior vulnerabilidade, motivo pelo qual necessitam "[...] de um regime especial de salvaguardas, que lhes permitam construir suas potencialidades humanas em sua plenitude".[120]

Ainda, o critério temporal mostra-se determinante, pois o atendimento de certas necessidades das crianças e dos adolescentes somente poderá se dar nessas fases de suas vidas, exigindo daqueles responsáveis pela garantia desses direitos um agir contemporâneo e imediato às suas idades. De nada adianta, como assevera Paulo Afonso Garrido de Paula, buscar a efetivação de um direito depois de ultrapassada a fase da vida em que a pessoa mais dele se beneficiaria. Pode-se citar como exemplo o direito de brincar, somente útil à formação equilibrada da criança e do adolescente enquanto tais. A propósito, assim sintetiza o referido autor:

---

[120] MACHADO, 2003, p. 109.

A infância e adolescência atravessam a vida com rapidez da luz, iluminando os caminhos que conduzem à consolidação de uma existência madura e saudável. Aquisições e perdas, privações e satisfações, alegrias e tristezas, prazeres e desagrados, êxitos e fracassos e tantos outros experimentos materiais e emocionais sucedem-se em intensidade e velocidade estonteante. Não raras vezes não podem ser repetidos, constituindo-se em experiências únicas e ingentes.[121]

Já quanto ao princípio da prioridade absoluta, inserido na Carta Magna (art. 227) e melhor especificado seu conteúdo no parágrafo único do art. 4º do ECA, deve ser compreendido de tal forma a permitir e viabilizar a plena eficácia das normas protetivas previstas na legislação (Constituição, ECA, LDB, LOAS, etc.), inclusive aquelas decorrentes da normativa internacional e incorporadas ao Direito Interno.

Numa primeira análise, pode-se relacionar ou até atribuir o princípio da prioridade absoluta àquele da condição peculiar de pessoa em desenvolvimento, já que os direitos das crianças e dos adolescentes devem ser validados com a presteza necessária para que sirvam, no tempo certo, como alicerces do pleno desenvolvimento pessoal da criança e do adolescente.

Em face dessa imprescindível presteza no atendimento contemporâneo das suas necessidades é que, sabiamente, o constituinte cunhou como dever da família, da sociedade e do Estado assegurar os direitos das crianças e dos adolescentes de modo pleno e prioritário. No plano constitucional, nenhum outro segmento social foi distinguido com tão expressa e contundente força normativa como o dispensado à criança e ao adolescente.

Assim, valendo-se da proposição de Ana Maria Moreira Marchesan, "[...] a soma dos vocábulos já nos indica o sentido do princípio: qualificação dada aos direitos assegurados à população infanto-juvenil, a fim de que sejam

---

[121] PAULA, 2002, p. 39.

inseridos na ordem-do-dia com primazia sobre quaisquer outros".[122]

Também Wilson Donizetti Liberati sugere que, por absoluta prioridade, devemos entender

> [...] que a criança e o adolescente deverão estar em primeiro lugar na escala de preocupação dos governantes; devemos entender que, primeiro, devem ser atendidas todas as necessidades das crianças e adolescentes [...]. Por absoluta prioridade, entende-se que, na área administrativa, enquanto não existirem creches, escolas, postos de saúde, atendimento preventivo e emergencial às gestantes, dignas moradias e trabalho, não se deveria asfaltar ruas, construir praças, sambódromos, monumentos artísticos etc., porque a vida, a saúde, o lar, a prevenção de doenças são mais importantes que as obras de concreto que ficam para demonstrar o poder do governante.[123]

A prioridade absoluta, enquanto princípio-garantia constitucional, deve ser entendida, segundo leciona Dalmo de Abreu Dallari, sob a perspectiva de que o atendimento das necessidades infanto-juvenis, no plano da administração pública, "[...] não pode ficar ao alvedrio de cada governante decidir se dará ou não apoio prioritário, já que esta restrição ao poder discricionário do administrador emana da própria Constituição da República".[124]

A propósito do tema, a doutrina de J. J. Gomes Canotilho é contundente em asseverar que diversas normas constitucionais "[...] destinam-se a formular roteiros de ação que os poderes públicos devem concretizar, os quais adquirem especial relevância nos programas de governo".[125]

---

[122] MARCHESAN, Ana Maria Moreira. O princípio da prioridade absoluta aos direitos da criança e adolescente e a discricionariedade administrativa. *Revista do Ministério Público*, Porto Alegre, n. 44, 2001, p. 225.

[123] LIBERATI, Wilson Donizetti. *O Estatuto da Criança e do Adolescente:* Comentários. Brasília: IBPS, 1991, p. 4-5.

[124] DALLARI, Dalmo de Abreu. *O Estatuto da Criança e do Adolescente:* Comentários. São Paulo: Malheiros, 1992, p. 425.

[125] CANOTILHO, J. J. Gomes. *Direito Constitucional.* 6. ed. Coimbra: Almedina, 1993, p 74.

Frente à clareza dessas disposições, é indesviável a afirmativa de que tanto o legislador constituinte quanto o ordinário pretenderam tornar expressa, não apenas a forma de atuação, mas o conteúdo mínimo do que se deve entender por prioridade absoluta, dando ao intérprete, mesmo valendo-se apenas da hermenêutica tradicional, o ponto de partida para interpretação do verdadeiro alcance da norma em apreço.

A Doutrina da Proteção Integral, uma vez devidamente dimensionado o seu alcance, importa profunda ruptura na forma de intervenção da família, do Estado e da sociedade em relação à população infanto-juvenil, agora compreendida como titular dos mesmos direitos fundamentais inerentes à pessoa humana, sem prejuízo da necessária proteção especial, fazendo com que a política de atendimento, outrora focalizada em práticas assistencialistas baseadas na concepção da compaixão-repressão, desloque-se à efetivação das políticas públicas, tendo como centro as Políticas Sociais Básicas e, de caráter universal, as de Assistência Social ou de Proteção Especial, como instrumentos de caráter supletivo, complementar e temporário, destinadas apenas para os que delas necessitarem.

Nesse contexto, o resgate e valorização do direito à convivência familiar e comunitária, como direito fundamental, pressupõe que a família – não apenas na sua concepção estritamente jurídica – deve ser vista como local ideal de criação dos filhos, importando, concomitantemente, em uma cruzada pela desinstitucionalização de crianças e adolescentes.

2.2. Direito fundamental à convivência familiar

A convivência familiar, antes de ser um direito fundamental, é uma necessidade, pois é na família, como primeiro agrupamento de inserção do indivíduo, que se estabelece a primeira relação de afeto, sobre a qual se apoia todo o desenvolvimento posterior do indivíduo, dando unidade à sua personalidade.[126]

Para Donald W. Winnicott, a família é a única entidade capaz de atender às necessidades do indivíduo. Nesse sentido, assevera:

[...] a família da criança é a única entidade que possa dar continuidade à tarefa da mãe (e depois também do pai) de atender às necessidades do indivíduo. Tais necessidades incluem tanto a dependência como o caminhar do indivíduo em direção à independência. A tarefa consiste em fazer face às necessidades mutantes do indivíduo que cresce, não apenas no sentido de satisfazer a impulsos instintivos, mas também de estar presente para receber as contribuições que são características essenciais da vida humana.[127]

E, na trilha desenvolvida pelo indivíduo no sentido de chegar à maturidade emocional, o referido autor ressalta que a família contribui de duas formas para que isso ocorra:

[...] de um lado dá-lhe a oportunidade de voltar a ser dependente a qualquer momento; de um outro, permite-lhe trocar os pais pela família mais ampla, sair desta em direção ao círculo social mais imediato e abandonar esta unidade por outras maiores. Esses círculos cada vez mais amplos, que a certa altura tornam-se agrupamentos políticos, religiosos e sociais da sociedade, e talvez o próprio nacionalismo, são o produto final de um processo que se inicia com o cuidado materno e se prolonga na família. A família parece ser a estrutura especialmente programada para dar continuidade à dependência inconsciente da criança em relação ao pai e a mãe de fato.[128]

Dessa forma, podemos entender que, com relação ao desenvolvimento individual, seria muito difícil para qualquer grupo que não a família angariar todos os esforços necessários para que esse processo se dê de uma forma pacífica e saudável.

---

[126] WINNICOTT, Donald W. *Tudo começa em casa*. Tradução de Paulo Sandler. São Paulo: Martins Fontes, 1999, p. 125.

[127] WINNICOTT, Donald W. *A família e o desenvolvimento individual*. Tradução de. Marcelo Brandão Cipolla. São Paulo: Martins Fontes, 2001, p 131.

[128] Ibidem, p. 137.

Para Jorge Trindade,[129] a relação mãe-filho é fundamental para o desenvolvimento adequado do indivíduo, tanto quanto a presença paterna, o que é raramente encontrado na vida institucional.

Entretanto, consoante apontado por Ivanise Jann de Jesus "[...] a simples existência de uma família não é garantia de que haverá um desenvolvimento pleno por parte da criança; porém, só o fato dela existir, já é uma forma de facilitar seu crescimento emocional".[130] Já para Winnicott, "[...] quando o lar é suficientemente bom, é ele o melhor lugar para a criança se desenvolver".[131]

O traço de direito fundamental, como reconhecido no art. 227 da Carta Magna e referendado nos arts. 4° e 19 do ECA, deve ser compreendido como professa J. J. Canotilho, ao relacioná-lo aos direitos dos homens, jurídico-institucionalmente garantidos e limitados espacio-temporalmente.[132]

Trata-se de direito fundamental porque, como assevera Norberto Bobbio, está ligado aos "[...] direitos naturais, e naturais porque cabem ao homem enquanto tal e não dependem do beneplácito do soberano",[133] sem ignorar que também são direitos históricos, "[...] nascidos em certas circunstâncias, caracterizados por lutas em defesas de novas liberdades e contra velhos poderes, e nascidos de modo gradual, não todos de uma vez e nem de uma vez por todas".[134]

Nos textos internacionais, o direito à convivência familiar restou indelevelmente marcado e assentado, como se percebe já no preâmbulo da Convenção sobre os Direi-

---

[129] TRINDADE, Jorge. Compêndio de Delinqüência juvenil: uma abordagem transdisciplinar. 3. ed. Porto Alegre: Livraria do Advogado, 2002.

[130] JESUS, 2003, p. 27.

[131] WINNICOTT, op. cit., p. 195.

[132] CANOTILHO, 1993, p. 359

[133] BOBBIO, Norberto. A Era dos Direitos. 5ª Reimp. Tradução de Carlos Nelson Coutinho. Rio de Janeiro: Elsevier, 2004, p. 24.

[134] Ibidem, p. 25.

tos da Criança das Nações Unidas (1989), ao referir que "[...] a criança, para o pleno e harmonioso desenvolvimento de sua personalidade, deve crescer nos seio de sua família, em um ambiente de felicidade, amor e compreensão", acrescendo que a família é um "[...] grupo fundamental da sociedade e ambiente natural para o crescimento e o bem-estar de todos os seus membros e, em particular, das crianças, deve receber a proteção e assistência necessária a fim de poder assumir plenamente suas responsabilidades dentro da comunidade".

No Brasil, não foi diferente o reconhecimento da convivência familiar como direito fundamental às crianças e aos adolescentes, como visto ao longo de sua história,[135] o que também repercutiu na centralidade dada à família e a seus membros, independentemente do seu formato ou modelo, pela Política Nacional de Assistência Social (2004)[136] e também pelo Plano Nacional de Promoção, Proteção e Defesa do Direito de Crianças e Adolescentes à Convivência Familiar e Comunitária (2006).

Uma vez reconhecido como fundamental esse direito, como adverte Bobbio, imprescindível é a sua proteção, já que nessa seara é que são verificadas as maiores dificuldades, pois se desloca do campo filosófico de sua justificação para o campo jurídico e, num sentido mais amplo, político, já que o mais importante é saber "[...] qual é o modo mais seguro para garanti-los, parar impedir que, apesar das solenes declarações, eles sejam continuamente violados".[137]

Para traçar um caminho possível para garantia do fundamental direito à convivência familiar, Machado aponta que,

> [...] em decorrência da elevação da convivência familiar a direito fundamental do ser humano criança ou adolescente, criou-se no ordenamen-

---

[135] MACHADO, 2003, p. 155.

[136] Resolução nº 145, de 15 de outubro de 2004. Conselho Nacional de Assistência Social.

[137] BOBBIO, 2004, p. 45.

to jurídico uma verdadeira escala de prioridades na aplicação da lei ao caso concreto, toda a vez que se discute a manutenção da criança no convívio com seus pais biológicos, limitando severamente o âmbito do juízo de valoração a ser realizado pelo magistrado, ao decidir sobre a suspensão/destituição do pátrio poder e a colocação em família substituta.[138]

Na base da escala de valores estabelecida pela normativa vigente está a família natural, já que toda a criança ou adolescente tem o direito de ser criado e educado no seio de sua família (art. 19 do ECA), entendida, do ponto de vista jurídico, como a comunidade formada pelos pais ou qualquer deles e seus descendentes (art. 25 do ECA).

Esta regra somente poderá ser excepcionalizada diante de violação severa dos deveres do poder familiar (art. 1.634 NCC e 22 ECA), que inviabilizem o pleno desenvolvimento da criança e do adolescente, ocasião em que poderá ser colocado, nesta ordem,[139] em família substituta, prioritariamente na família biológica ampliada e, na falta ou impossibilidade desta, em família substituta não consanguínea (art. 28, § 2º, do ECA) e, esgotadas estas possibilidades, em família substituta estrangeira (art. 31 ECA). Somente após superadas todas estas possibilidades, autorizar-se-á a institucionalização de criança ou adolescente em entidade de abrigo, por período temporário e como medida de transição para retomada da convivência familiar (natural ou substituta).

A mesma autora refere que essa escala de prioridade ganha a forma de uma pirâmide, "[...] que vai da família natural, na sua base, à colocação em família substituta estrangeira e, em seu topo, a institucionalização, numa linha de crescente excepcionalidade à medida que a pirâmide se afunila".[140]

---

[138] MACHADO, 2003, p. 162.

[139] Ibidem, p. 164-173.

[140] Ibidem, p. 163.

O direito à convivência familiar, visto do prisma da criança e do adolescente, faz parte de exclusivo rol de direitos fundamentais alcançáveis somente ao público infato-juvenil, decorrentes de sua peculiar condição de pessoa em desenvolvimento, já que sua personalidade ainda está em formação e, em decorrência disso, está em situação fática de desigualdade em relação ao adulto e, portanto, mais vulnerável, merecendo tratamento jurídico mais abrangente e especial, visando a alcançar igualdade jurídico-material. Equiparáveis a este, Machado cita também o direito ao não trabalho, o direito à profissionalização, o direito à alimentação e os direitos especiais como à saúde, à educação, a brincar e ao lazer.[141]

Essa prioridade decorre da constatação histórica e dos estudos[142] já realizados de que a criança não cresce sadiamente sem a constituição de um vínculo afetivo estreito e verdadeiro com um ou mais adultos, pouco importando se estes sejam seus genitores biológicos ou substitutos, já que dificilmente obterão tal vinculação em uma instituição, por melhores que sejam os lidadores/cuidadores.

Como anota Maria Josefina Becker,

> [...] a precedência dada pelo legislador brasileiro e pelas Nações Unidas à preservação dos vínculos familiares corresponde aos resultados dos estudos e pesquisas sobre a influência decisiva para o desenvolvimento humano das relações estabelecidas pelo bebê, no início da vida, com as figuras parentais.[143]

Para Maria Lucrécia Scherer Zavaschi, a sobrevivência da criança está diretamente relacionada

> [...] à participação da família no desenvolvimento da criança, especialmente no que se refere às primeiras necessidades do bebê, pois é aí

---

[141] MACHADO, 2003, p. 153-195

[142] WEBER, Lidia Natália Dobrianskyj. *Laços de Ternura: pesquisas e histórias de adoção*. Curitiba: Juruá News, 2004, p. 75.

[143] BECKER, Maria Josefinina. In: CURY, Munir; AMARAL e SILVA, Antônio Fernando; MÈNDEZ, Emílio Garcia (org). *Estatuto da Criança e do Adolescente Comentado: comentários jurídicos e sociais*. 5. ed. São Paulo: Malheiros, 2002, p. 120.

que começa tudo, e muito do que for investido nesse início terá continuidade na vida da criança e consequentemente tudo que faltar ou for mal cuidado no início, também poderá levar a cicatrizes indeléveis para toda a vida [...] se o bebê não receber todos os cuidados necessários para sua sobrevivência física, desde boa alimentação, cuidados regulares de proteção e afeto, não sobreviverá.[144]

Do ponto de vista neuro-fisio-psicológico, desde os primeiros suspiros, o cérebro do recém-nascido capta os estímulos externos, interpretando-os e registrando-os, num processo de fecunda aprendizagem, sendo que durante a primeira infância – isso até os cinco anos de idade – ocorre a formação da estrutura nervosa da criança – fase formativa – que servirá de base para toda a vida do indivíduo. Para Maria Aparecida Domingues Oliveira, em decorrência da fragilidade e dependência típica do ser humano,

[...] sua sobrevivência está diretamente relacionada àqueles que o geraram, ou seja, à família. Neste contexto, o mais importante elo de ligação da criança com o mundo é a mãe, a qual provê o alimento, o afeto e o cuidado que o bebê precisa, sem desconsiderar a importância do pai como fonte de segurança e proteção.[145]

O direito a ter uma família é um dos direitos fundamentais de toda pessoa, especialmente àquelas em pleno desenvolvimento, pois a família é tida como o núcleo básico de criação e manutenção de laços afetivos. Tal direito não significa apenas o simples fato de nascer e viver em uma família, mas vai muito além disso, expressando o direito a ter vínculos afetivos através dos quais a criança se introduz em uma cultura e em uma sociedade, tornando-se, de fato e de direito, cidadã.

---

[144] ZAVASCHI, Maria Lucrécia Scherer. *A Criança Necessita de uma Família*. In: AZAMBUJA, M. R. F.; SILVEIRA, M. V.; BRUNO, D. D. (orgs.). Infância em família: um compromisso de todos. Porto Alegre: IBDFAM, 2004,, p. 59-66.

[145] OLIVEIRA, Maria Aparecida Domingues. *A neuro-psico-sociologia do abandono – maus tratos familiares*. In: AZAMBUJA, M. R.; SILVEIRA, M. V.; BRUNO, D. D. (Orgs.). Infância em família: um compromisso de todos. Porto Alegre: IBDFAM, 2004, p. 285-288.

Na busca da preservação dos vínculos familiares e, diante de situação de vulnerabilidade pessoal ou social, a normativa legal vigente aponta para aplicação de medidas de proteção que busquem o fortalecimento destes vínculos (art. 100 do ECA), ainda mais frente à absoluta impossibilidade legal de rompimento dos laços familiares em decorrência da falta ou carência de recursos materiais, quando o núcleo familiar deverá ser incluído em programas oficiais de auxílio (art. 23, *caput* e seu par. único, do ECA). Ainda, mesmo diante de violação de direitos, deve se preferir afastar o agressor da moradia comum (art. 130 do ECA), do que o sumário afastamento da criança e do adolescente do lar familiar.

O exercício deste direito fundamental não se limita, como já visto anteriormente, apenas à família natural e, desde que obedecida a preferência imposta pelo Estatuto da Criança e do Adolescente, pode ser viabilizado e garantido através de uma família substituta, na forma de guarda, tutela e adoção.

Apesar das transformações ocorridas no modelo de família ao longo da história,[146] somente a partir do século XVIII, na Europa, e do século XX, no Brasil, é que se fundou a concepção de família nos moldes que conhecemos hoje (pai-mãe-filho), voltada à centralidade dos filhos, tendo como funções básicas a manutenção econômica, a reprodução e a socialização de seus membros.

Essa visão burguesa da família – adotada pelo sistema jurídico pátrio (art. 25 do ECA) –, como advertem Claudia Fonseca[147] e Denise Duarte Bruno,[148] nem sempre acolhe os novos arranjos que as famílias modernas vêm assumindo, principalmente das classes populares, como ocorre no fenô-

---

[146] ARIÈS, 1981, p. 189.

[147] FONSECA, Cláudia. *Família, fofoca e honra: etnografia de relações de gênero e violência em grupos populares.* Porto Alegre: Editora UFRGS, 2000.

[148] BRUNO, Denise Duarte (org). *Infância em família: um compromisso de todos.* Porto Alegre: Instituto Brasileiro de Direito de Família, 2004, p. 161-166.

meno da circulação de crianças,[149] exigindo dos operadores dos sistema de justiça e de proteção social o devido cuidado para não estigmatizar as crianças e os adolescentes oriundos desses segmentos pelo simples fato de não preencherem o estereótipo concebido pelo sistema jurídico vigente.

Embora o Brasil tenha herdado o modelo europeu de família nuclear,[150] com base no texto infraconstitucional, a família pode ser compreendida como sendo um grupo de pessoas, com ou sem laços de consanguinidade e/ou afinidade, não importando sua forma ou sua estrutura. O importante mesmo é saber se essa (nova) família é capaz de proteger e sociabilizar suas crianças e seus adolescentes.[151]

Ao ver de Clodoveo Piazza,

> O Estatuto entende que o direito a uma família é fundamental, pois só a presença de um pai e uma mãe que vivam com a criança um relacionamento intenso e privilegiado garante a ela a possibilidade de viver aqueles mecanismos psicológicos e emocionais que provocam uma correta estruturação da personalidade.[152]

Nesta mesma linha, Veronese e Costa sintetizam:

> Desse modo, a família, além de ser o meio primário que propicia as primeiras e elementares noções de convivência social, ela é principalmente, também o meio que possibilita o desenvolvimento de todas as faculdades físicas, psíquicas, morais e espirituais da criança e do adolescente, no sentido de que, por mais que muitos desses conteúdos (sociais, morais, intelectuais e espirituais) advenham do contato com outras instâncias, a família é responsável, por assim dizer, pelo cultivo da terra onde as sementes serão lançadas.[153]

---

[149] FONSECA, Cláudia. *Caminhos da Adoção*. 3 ed. São Paulo: Cortez Editora, 2006, p. 32-33.

[150] SILVA, E. R. A.; MELLO, S. G.; AQUINO, L. M. C. *Os abrigos para crianças e adolescentes e a promoção do direito à convivência familiar e comunitária*. In: SILVA, Enid Rocha Andrade da. (coord). O direito à convivência familiar e comunitária: os abrigos para crianças e adolescentes no Brasil. Brasília: IPEA/CONANDA, 2004, p 213.

[151] PLANO Nacional, 2006, p. 23-25.

[152] PAIZZA, Clodoveo. *Comentários ao art. 19 do ECA*. In: CURY, Munir. *et al.* Estatuto da Criança e do Adolescente comentado: Comentários jurídicos e sociais. 2. ed. São Paulo: Malheiros, 1996, p. 267.

[153] VERONESE; COSTA, 2006, p. 84-85.

Portanto, a prevalência de viver e crescer no seio da família, preferencialmente a natural, antes de tudo se constitui em necessidade para sobrevivência sadia e para o pleno desenvolvimento da criança e, mais tarde, do adolescente, motivo pelo qual somente poderá tal direito ser afastado após a articulação de outras medidas que visem a fortalecer os vínculos familiares e diante de situação de fato que, concretamente, coloque em evidente ameaça ou violação a plêiade de direitos das crianças e dos adolescentes.

2.3. Colocação em família substituta

A colocação em família substituta, como degrau seguinte na escala de valores estabelecidos pela nova sistemática legal, deverá ser perseguida quando não for possível a manutenção da convivência da criança e do adolescente com sua família natural, seja por sua falta ou em decorrência de violação severa[154] dos deveres do poder familiar (arts. 1.634, c/c 1.638, ambos do NCC e art. 22 do ECA) e não seja recomendável outra medida protetiva, a fim de restaurar/recuperar o núcleo familiar de origem, lembrando a preferência por aquelas medidas que visem ao fortalecimento dos vínculos familiares e comunitários (art. 100 do ECA), além do afastamento do agressor do lar comum (art. 130 ECA).

Assim, diante da situação de fato a demonstrar que tal medida se mostra a mais viável, o ordenamento jurídico estabelece microescala valorativa, priorizando a família biológica ampliada, decorrente de vínculos sanguíneos maternos ou paternos, como a formada pelos parentes da criança (avós, irmãos, tios, etc.), como forma de manter os vínculos hereditários, afetivos e sociais que a criança já tem, objetivando reduzir os traumas que o afastamento dos genitores sempre gera (art. 28, § 2º, do ECA).

Em seguida, deve-se buscar a família substituta não consanguínea – verdadeiramente substituta – aquela que

---

[154] MACIEL, 2007, p. 71-129.

não mantém com a criança ou adolescente qualquer grau de parentesco, vínculo afetivo ou de afinidade, ostentando maior grau de excepcionalidade em relação à família biológica ampliada, pelo fato de romper, mais definitivamente, com a história de vida da criança, havendo maior potencialidade de traumas em face do afastamento do convívio com os pais naturais e família extensiva.

Por fim, em grau de maior excepcionalidade, está a colocação em família substituta estrangeira, em face da ruptura definitiva que se opera tanto dos vínculos familiares, de afinidade e afetividade, como a relacionada com o meio social, cultural e linguístico, dentre outros, impondo à criança e ao adolescente a privação, em caráter permanente e definitivo, de qualquer contato com sua família biológica.

Diante da definitiva ruptura, impõe-se, além da estrita observância das disposições legais (art. 227, § 5°, da CF, e arts. 31 e 46, § 2°, do ECA), acurada análise das reais vantagens (art. 43 do ECA) que a medida poderá trazer à criança ou ao adolescente, não se resumindo às questões econômicas e sociais – em regras que mais despertam a atenção e fascinação – mas sim quanto à possibilidade de enfrentamento dos traumas decorrentes das rupturas que serão verificadas de imediato na vida do adotando, prolongadas por longo período.

Ainda, no que se refere à colocação em família substituta, notadamente através do instituto da adoção (arts. 39 a 52 do ECA), o novo paradigma introduzido pela Doutrina da Proteção Integral alterou o foco do interesse pela medida, deixando de ser vista apenas como a última possibilidade para os casais, geralmente marcados pela esterilidade, imitarem a biologia[155] e conseguirem um recém-nascido, para assumir um novo papel: o de ser a expressão maior

---

[155] BECKER, Maria Josefina. *A ruptura dos vínculos: quando a tragédia acontece.* In: KALONSTIAN, Sílvio Manong (org). Família brasileira, a base de tudo. São Paulo: Cortez, 1994, p. 63.

de um direito fundamental da criança-real, aquela que está privada da convivência familiar e de ter uma família.

Pertinente a advertência de Maria Josefina Becker quanto à perigosa afirmação de que a colocação de crianças e adolescentes em famílias substitutas, por intermédio do instituto da adoção, atenderia, a um só tempo, a duas necessidades: "a da criança sem lar e a do lar sem filhos".[156] Na verdade, afirma a referida autora, com razão, que, ao equiparar o direito da criança em ser criada e educada no seio de uma família ao "direito" dos adultos de "possuírem" os filhos que lhes teriam sido negados pela natureza, tem-se gerado uma espécie de inversão nos procedimentos da adoção, pois se deixa "[...] muitas vezes, de considerar a adoção como uma forma de solucionar o problema de crianças real e definitivamente abandonadas por suas famílias biológicas", passando a "[...] procurar crianças para satisfazer necessidades dos adultos". Como consequência desse movimento, percebe-se o crescimento "[...] da pressão no sentido de facilitar a ruptura dos vínculos familiares das crianças pobres,[157] em detrimento da promoção de medidas mais eficazes para preservá-los e fortalecê-los".[158]

Assim, somente depois de esgotadas todas as possibilidades de manutenção dos vínculos familiares biológicos e, desde que se mostre como benéfica à criança e ao

---

[156] BECKER, *loc. cit.*

[157] Neste sentido, tramitam no Congresso Nacional diversos Projetos de Lei que objetivam desde a definição de regras mais rígidas para o abrigamento de crianças/adolescentes (Projeto de Lei 2609/07, Dep. Federal Pepe Vargas) até alterar/facilitar os procedimentos da adoção (Projeto de Lei n° 6.222/05, Sen. Patrícia Saboya Gomes, recentemente aprovado na Câmara dos Deputados, no qual foram agregados diversos Projetos de Leis sobre o assunto), chegando ao escárnio de ter sido proposta a criação do "parto anônimo" (Projeto de Lei n° 2747/08, Dep. Federal Eduardo Valverde), através do qual se postular a parturiente, ao postular o anonimato, faz a entrega do recém-nascido diretamente no Hospital, competindo à equipe médica a sua colocação em adoção, restaurando-se, por caminho diverso, uma nova forma da maldita roda de expostos. (PROJETOS de Lei e Outras Proposições, disponível em <http://www2.camara.gov.br/proposicoes>, acessado em 25 de agos. 2008)

[158] BECKER, *op. cit.*, p. 64.

adolescente, é que se deve optar pela colocação em família substituta, preferindo-se aquela em que seja possível a manutenção dos laços sanguíneos, de afinidade e afetividade, respeitando a opinião, sempre que possível, da criança ou do adolescente.

Para o Estatuto da Criança e do Adolescente, criança e adolescente têm o direito de ser criados e educados pelos pais biológicos, sob pena de violação do direito à convivência familiar e, apenas quando esses violarem gravemente os deveres inerentes do poder familiar é que se deve permitir sua retirada da família natural. Como bem observado por Ivana Huppes,

> Quando os pais faltarem ou houverem incorrido em ofensa aos deveres inerentes ao poder familiar que lhe impossibilite o exercício do pátrio poder, o ECA exige que a criança seja colocada em família substituta e não institucionalizada em entidade de abrigo, o que muito se faz sob a égide do antigo Código de Menores, com resultados negativos para o desenvolvimento das crianças e adolescentes institucionalizados. Assim, o Estatuto não abre a possibilidade de que crianças e adolescentes cresçam e se desenvolvam em abrigos, sendo taxativo na exigência de que a criação se dê na família natural ou família substituta.[159]

Dessa forma, fica manifesto que somente após esgotadas todas as formas de integração da criança ou do adolescente no seio de uma família, seja ela natural ou substituta – nas suas diversas formas – é que poderá se falar na institucionalização, que está no cume da escala de valores, por encontrar regramento legal ainda mais excepcional.

2.4. A excepcionalidade da medida protetiva de abrigo[160]

Antônio Lancetti assevera, de forma direta e objetiva, que o abrigamento é uma forma antiantropológica de

---

[159] HUPPES, Ivana. *O direito fundamental à convivência familiar*. Porto Alegre: FESMP, 2004. Monografia (Programa de Pós-Graduação em Direito Comunitário) – Fundação Escola Superior do Ministério Público, 2004, p. 25.

[160] No Plano Nacional, é utilizada a nomenclatura de Acolhimento Institucional.

convivência do ser humano,[161] ainda mais para crianças de tenra idade, inclusive para adolescentes, que estão em plena formação de suas personalidades e, por isso, são mais vulneráveis aos efeitos e traumas decorrentes de crescerem sem ter um vínculo afetivo estreito e verdadeiro com um adulto, o que é impossível de se dar em uma instituição, por mais dedicados que sejam seus cuidadores.

Como já visto, o afastamento da criança e do adolescente do convívio familiar traz nefastas consequências para o desenvolvimento neuro-fisio-psicológico, além de dificultar a capacitação individual e subjetiva à vida em família e em comunidade.

Tal quadro se agrava quando, como solução para este afastamento, a criança ou o adolescente são abrigados em instituições que, sob o fiel pretexto de protegê-los, na prática, acabam os afastando do convívio familiar e comunitário.

Lidia Weber, baseada em pesquisa realizada em 1995 com crianças abrigadas em instituições de Curitiba-PR e que não possuíam vínculos com familiares há mais de um ano, constatou que mais de 70% dos entrevistados nunca receberam visitas de seus pais ou familiares depois que foram institucionalizados. Como consequência, pôde perceber que os prejuízos à formação de suas personalidades eram evidentes, pois apresentavam dificuldades para planejar e refletir sobre o seu futuro, além de serem essencialmente pessimistas em relação aos seus relacionamentos afetivos e terem uma visão bastante negativa de seus pais biológicos.[162]

Winnicott, ao relatar os efeitos devastadores sobre a formação da personalidade quando crianças pequenas são

---

[161] LANCETTI, Antônio. *Adoção e a cidade – os ensinamentos*. In: FERREIRA, Márcia Regina Porto; CARVALHO, Sônia Regina (orgs.). 1° guia de adoção – novos caminhos, dificuldades e possíveis soluções. São Paulo: Ed. Wenners Editorial, 2003, p. 108-111.

[162] WEBER, 2004, p. 76.

separadas de sua mãe, atribui que, mesmo em condições extremamente adversas,

> [...] é importante continuar apresentando um lugar-comum de que a unidade familiar é mais do que uma questão de conforto e convivência. De fato, a unidade familiar proporciona uma segurança indispensável à criança pequena. A ausência dessa segurança trará efeitos sobre o desenvolvimento emocional e acarretará danos à personalidade e ao caráter.[163]

Apesar desse conhecimento acumulado – que se revela como algo induvidoso neste início de novo milênio – ainda se mantém, no imaginário coletivo de boa parte da sociedade contemporânea, a cultura da institucionalização de crianças e adolescentes, fruto de uma prática social e governamental muito difundida ao longo da história brasileira, que vem servindo muito mais aos interesses dos adultos envolvidos do que para proteger as crianças e os adolescentes efetivamente.[164]

Para fazer frente a essa chaga nacional, inspirada na Doutrina da Proteção Integral, a normativa nacional vigente introduziu severas restrições à utilização dessa alternativa de atendimento às crianças e aos adolescentes em situação de vulnerabilidade pessoal ou social, em consonância com as regras estabelecidas pela Convenção sobre os Direitos da Criança das Nações Unidas (artigos 9°[165] e 20[166]).

Nesse sentido, somente com a vigência do ECA é que a institucionalização de crianças e adolescentes pas-

---

[163] WINNICOTT, 2002, p. 18.

[164] ABREU, Martha; MARTINEZ, Alessandra Frota. *Olhares sobre a criança no Brasil: perspectivas históricas*. In: RIZZINI, Irene (Org.). Olhares sobre a criança no Brasil: século XIX e XX. Rio de Janeiro: AMAIS, 1997, p. 35.

[165] Artigo 9° Resumo: Separação dos Pais – Direito da criança de viver com seus pais a não ser quando incompatíveis com seus melhores interesses; o direito de manter contato com ambos os pais caso seja separada de um ou de ambos e as obrigações do Estado nos casos em que tal separação resulta de ação do Estado.

[166] Art. 20. Resumo: Proteção das Crianças sem família – A obrigação do Estado de prover proteção especial às crianças desprovidas do seu ambiente familiar e assegurar ambiente familiar alternativo apropriado ou colocação em instituição apropriada, sempre considerando o ambiente cultural da criança.

sou, pelo menos na seara legal, a ter o caráter excepcional e temporário, nos moldes esculpidos no art. 101, parágrafo único, *in verbis*:

> Art. 101. [...]
> Parágrafo Único. O abrigo é medida provisória e excepcional, utilizável como forma de transição para a colocação em família substituta, não implicando privação de liberdade.

A primeira ruptura provocada pelo texto legal relaciona-se diretamente com o novo paradigma filosófico-político, pois deixou de ser uma providência em favor da sociedade (de defesa nacional ou de segurança nacional) e contra a criança e o adolescente, enquanto meros objetos da intervenção estatal e controle social destinado às camadas populares, para se apresentar como uma medida de proteção especial – integrante da Política de Proteção Especial – somente utilizável quando os direitos fundamentais das crianças e dos adolescentes estiverem ameaçados ou violados. Portanto, não tem mais o objetivo de limpar as ruas ou segregar/excluir os indesejáveis de outrora, mas sim de cumprir a missão de garantir os direitos fundamentais das pessoas humanas crianças e adolescentes que estão em situação de vulnerabilidade pessoal ou social.

Por se tratar de medida de proteção utilizável em favor da criança e do adolescente, antes de mais nada, indispensável que esteja presente uma das hipóteses do artigo 98 do ECA, isto é, quando os direitos reconhecidos pela legislação estiverem sendo ameaçados ou forem violados: I – por ação ou omissão da sociedade ou do Estado; II – por falta, omissão ou abuso dos pais ou responsável; III – em razão de sua conduta.

Pode-se defini-la como uma medida de proteção aplicável excepcionalmente diante de grave ameaça ou violação de direitos de crianças e adolescentes, consistente no acolhimento temporário em entidade de atendimento, em turno integral, como forma de transição para o retorno à família natural ou para a colocação em família substituta.

Desta proposição, extraem-se suas características marcantes, a começar por se caracterizar como uma medida *excepcional*, no sentido de somente ser utilizada depois de esgotadas todas – leia-se todas – as possibilidades de manutenção da criança e do adolescente em sua família natural, o que pressupõe tenham sido articuladas as medidas protetivas voltadas ao fortalecimento dos vínculos familiares (art. 100, ECA) ou, nas hipóteses de maus-tratos, opressão ou abuso sexual, não seja possível ou viável o afastamento do agressor do lar comum (art. 130, ECA), ou, ainda, não haja imediata possibilidade de sua colocação em uma das formas de família substituta (biológica ampliada; não consanguínea e estrangeira).

Já seu caráter *provisório* aponta para a utilização da medida protetiva de abrigo pelo menor tempo possível, isto é, apenas pelo período estritamente necessário para a superação das circunstâncias que deram origem a sua aplicação, isso quando viável o retorno ao seio familiar de origem (mesmo numa perspectiva ampliada), ou para a definição jurídica tendente à colocação em família substituta.

Diante da inexistência de regra específica no ECA fixando prazo máximo para a permanência da criança e do adolescente em entidade de abrigo, indispensável que a sua utilização seja muito bem avaliada e, acima de tudo, devidamente acompanhada, tendente a mantê-la pelo menor espaço de tempo possível.[167]

Diante desta característica, também se mostra necessária a (re)avaliação periódica de cada caso, seja em decorrência da aplicação do artigo 25 da Convenção sobre os Direitos da Criança das Nações Unidas,[168] devidamente

---

[167] Pelo texto do PL 6.222/2005, em tramitação no Congresso Nacional, é fixado prazo máximo de 2 anos para permanência em entidade de abrigo, salvo comprovada necessidade devidamente fundamentada (propõe a inclusão do § 2º ao art. 19 do ECA).

[168] Art. 25: "Os Estados Partes reconhecem o direito de uma criança que tenha sido internada em um estabelecimento pelas autoridades competentes para fins de atendimento, proteção ou tratamento de saúde física ou mental a um exame

incorporada ao nosso Direito Interno, seja pela expressa obrigação legal imposta às entidades de atendimento que executam programa de abrigo de, no mínimo, proceder a estudo social e pessoal de cada caso num período não superior a seis meses, como se extrai da leitura conjugada dos incisos XIII e XIV do art. 94, cumulado com o seu § 1°, do ECA.[169]

Outra característica marcante da medida protetiva de abrigo se refere a sua *instrumentalidade*, isto é, que deve ser utilizável sempre como forma de transição para o retorno à família natural ou sua colocação em família substituta. Destaca-se que, durante a permanência da criança e do adolescente na entidade de abrigo, deve ser investido na manutenção e no restabelecimento dos vínculos familiares com a família biológica (art. 92, I, do ECA) e, na inviabilidade desta providência, na sua integração em programa oficial de colocação em família substituta (art. 92, II, do ECA).

Wilson Donizeti Liberati consigna que a "[...] institucionalização deve servir apenas como uma passagem rápida e transitória da criança que se encontra numa situação de abandono ou que foi vítima de violência", arrematando que "[...] perpetuar a criança na instituição é enterrar-lhe o futuro, é sufocar-lhe o desejo de descortinar horizontes".[170]

A competência para aplicação da medida protetiva de abrigo é mista e concorrente, pois tanto o Conselho Tutelar

---

periódico de avaliação do tratamento ao qual está sendo submetida e de todos os demais aspectos relativos à sua internação".

[169] Art. 94. "As entidades que desenvolvem programas de internação têm as seguintes obrigações, entre outras:...

[...]

XIII – proceder a estudo social e pessoal de cada caso;

XIV – reavaliar periodicamente cada caso, com intervalo máximo de seis meses, dando ciência dos resultados à autoridade competente;

§ 1°: "Aplicam-se, no que couber, as obrigações constantes deste artigo à entidades que mantêm programa de abrigo"

[170] LIBERATI, Wilson Donizeti. *Adoção internacional: Verdades e Mitos*. Cadernos de Direito da Criança e do Adolescente. Brasília: ABMP, 1995. v. 1, p. 21.

e o Dirigente de Entidade, na via administrativa, quanto o Juiz da Infância e Juventude, na via judicial, estão autorizados a se valerem desta medida de proteção.

O Conselho Tutelar, no exercício de suas atribuições legais (art.136, I, ECA), poderá aplicar a medida protetiva de abrigo (art. 101, VII, ECA) em face da nova formatação jurídica introduzida pelo ECA quanto à execução dos programas de proteção voltados às crianças e aos adolescentes (art. 90, IV, ECA), decorrente da municipalização e descentralização da política de atendimento (art. 88, I, III, ECA). Por se tratar de uma atuação administrativa, já que o órgão protetivo não possui qualquer viés jurisdicional (art. 132, ECA), imprescindível a estrita observância de todas as normas legais aplicáveis aos demais organismos administrativos (art. 37 da CF)[171] e, no plano interno, nas normativas locais (Resoluções do CMDCA[172] e Regimento Interno do Conselho Tutelar).

Em situação de comprovada urgência, o Dirigente da Entidade que executa programa de abrigo poderá, em caráter excepcional, abrigar criança e adolescente sem prévia determinação da autoridade competente, devendo comunicá-la até o segundo dia útil imediato (art. 93 do ECA). Esta autorização legal decorre de manifesto resquício da concepção menorista vigente por muito tempo no Brasil e que ainda não foi totalmente superada.[173] Ademais, cria-se uma paradoxal situação, pois autoriza o Dirigente da En-

---

[171] São considerados como princípios básicos da Administração Pública: legalidade, impessoabilidade, moralidade e publicidade. Sobre o tema, SILVA, Afonso José. *Curso de Direito Constitucional Positivo*. 3ª ed. São Paulo: Malheiros,1993.

[172] De bom alvitre que, em nível local, seja disciplinada a aplicação da medida protetiva de abrigo através de Resolução do CMDCA, na qual poderão ser fixados parâmetros e requisitos para o funcionamento dos respectivos programas, em atendimento ao disposto nos arts. 90 e 91 do ECA. Ademais, poderá ser fixado fluxo ativo entre os operadores da rede de proteção social e sistema de justiça.

[173] No já referido PL 6.222/05 em tramitação no Congresso Nacional, é mantida regra semelhante, apenas com redução para 24 horas o lapso temporal para comunicação ao Juiz da Infância e Juventude (propõe nova redação ao art. 93 do ECA).

tidade a autoexecutar uma medida para a qual não tem atribuição legal para aplicar e, o que é mais grave, delega-se-lhe a possibilidade de violar o direito à convivência familiar e comunitária, desprestigiando, em última análise, o reconhecimento de que a criança e o adolescente são sujeitos de direitos.

Já o Juiz da Infância e Juventude, dentro de seu impostergável papel de garantidor dos direitos das crianças e dos adolescentes,[174] está autorizado a aplicar a medida protetiva de abrigo apenas e tão somente quando for demandado para tanto, nas hipóteses em que lhe for submetida ação principal, como a de destituição do poder familiar, quando, incidentalmente, poderá determinar o abrigamento da criança ou adolescente, salvo se não houver outra pessoa a quem poderá confiá-la (art. 155, c/c art. 157, ambos do ECA). Também, poderá se valer desta medida em caráter supletivo ao Conselho Tutelar, diante da inexistência do órgão de proteção, nos termos do art. 262 do ECA. Por fim, intervirá nos casos de revisão da medida protetiva de abrigo aplicada originalmente pelo Conselho Tutelar (art. 137 do ECA) ou pelo Dirigente de Entidade (art. 153 do ECA).[175]

---

[174] Saraiva (2002, p. 93/94), ao traçar o perfil desde (novo) juiz, refere que "[...] não deverá atuar na esfera parajudicial ou meramente administrativa, mas ao pleno exercício da jurisdição, cumprindo o papel de julgador de conflitos, seja na órbita cível, seja na órbita criminal". E arremata: "[...] Enfim, ao se traçar o perfil deste Juiz estar-se-á falando de um Magistrado qualificado e comprometido, apto a trazer para o cotidiano de sua jurisdição a eficácia das normas do sistema, incorporando uma Normativa Internacional que deve conhecer tão bem quanto as normas de seu sistema nacional. Não poderá, porém, em momento algum este profissional deixar de indignar-se com a injustiça, tampouco perder a qualidade de, mesmo mantendo-se em sua posição de julgador, ser capaz de emocionar-se com a dor de seu jurisdicionado. Aqueles que endurecem nesta atuação, que não mais se emocionam, não servem mais para o que fazem". In SARAIVA, João Batista da Costa. *Desconstituindo o mito da impunidade: um ensaio de Direito Penal Juvenil*. Santo Ângelo-RS: Ed. Cededica, 2002.

[175] No PL 6.222/05 em tramitação no Congresso Nacional, a competência para aplicação da medida de "acolhimento institucional ou familiar" será exclusiva do Juiz da Infância e Juventude (propõe a inclusão do § 2º do art. 101 do ECA).

No que se refere à competência para o desabrigamento, em que pese inexistir texto expresso no ECA a respeito, a questão não oferece maiores dificuldades, pois aplicável a máxima da hermenêutica sintetizada pelo brocarso: *quem pode o mais pode o menos*.[176] Desta forma, se a medida foi aplicada pelo Conselho Tutelar e, desde que não importe na colocação em família substituta, o próprio órgão protetivo poderá/deverá proceder no desabrigamento, acautelando-se em registrar e compromissar o responsável pelo recebimento da criança ou adolescente, nos termos do art. 101, I, do ECA. No entanto, se a medida de abrigo foi determinada pela autoridade judicial (incidental ou supletivamente) ou é objeto de ação de revisão (art. 137 do ECA) ou, ainda, importar na colocação em família substituta, o desabrigamento caberá à autoridade judicial (arts. 30, c/c 148, do ECA).

A novel legislação, ainda, fixou princípios que deverão ser observados pelas entidades de atendimento que executam programa de abrigo, os quais estão previstos no artigo 92, *in verbis*:

Art. 92. As entidades que desenvolvem programas de abrigo deverão adotar os seguintes princípios:

I – preservação dos vínculos familiares;

II – integração em família substituta, quando esgotados os recursos de manutenção na família de origem;

III – atendimento personalizado e em pequenos grupos;

IV – desenvolvimento de atividade em regime de co-educação;

V – não desmembramento de grupos de irmãos;

VI – evitar, sempre que possível, a transferência para outras entidades de crianças e adolescentes abrigados;

VII – participação na vida da comunidade local;

VIII – preparação gradativa para o desligamento;

IX – participação de pessoas da comunidade no processo educativo.

---

[176] Em latim: *In eo quod plus est semper inest et minues*. Literalmente: "aquele a quem se permite o mais, não se deve negar o menos". In MAXIMILIANO, Carlos. *Hermenêutica e aplicação do direito*. 15. ed. Rio de Janeiro: Forense, 1995, p. 245.

Destes, merece destaque a ênfase dada à preservação dos vínculos familiares, se existentes, e integração em família substituta, se esgotados os recursos para o retorno à família de origem. Além dos princípios acima, devem as entidades de abrigo observar, no que couber, as obrigações previstas no art. 94, incisos I a XX, nos termos do § 1º do mesmo artigo, ficando a cargo do Juizado da Infância e Juventude, do Conselho Tutelar e do Ministério Público, consoante prevê o art. 95 do ECA, a fiscalização do estrito cumprimento destas disposições, sendo possível, em caso de inobservância, a aplicação das providências e sanções prescritas no art. 97 do ECA.

Por não implicar privação de liberdade, a medida protetiva de abrigo impõe que o regime de atendimento[177] a ser implementado pela entidade que executa programa de abrigo se baseie no princípio da incompletude institucional, que significa a não reprodução em seu interior das formas de atendimento encontradas na comunidade, preservando-se, assim, o direito à convivência comunitária.[178]

Para Edson Sêda, a efetivação desses princípios se revela como "[...] fundamental à mudança das práticas rotineiras no Brasil em relação às crianças abrigadas, bem como viabiliza, no mundo fático do Direito, os direitos elencados na norma constitucional do art. 227".[179]

No âmbito do Sistema Único de Assistência Social, conforme determinam a Lei Orgânica da Assistência Social

---

[177] Segundo assevera Antônio Carlos Gome da Costa, o regime de atendimento deve ser entendido como o "[...] conjunto de bases éticas, políticas, pedagógicas e operacionais, que devem presidir e estruturar o programa de abrigo mantido por uma entidade de atendimento (pública ou privada)". In. COSTA, Antônio Carlos Gomes da. *A especificação dos regimes de atendimento – perspectivas e desafios*. Lagoa Santa: Modus Faciendi, 2003, p. 19.

[178] Sobre o assunto, vide: ORIENTAÇÕES TÉCNICAS: Serviços de Acolhimento para Crianças e Adolescentes. Ministério do Desenvolvimento Social e Combate à Fome. Brasília, 2008

[179] SÊDA, Edson. In: CURY, Munir (coord). *Estatuto da criança e do adolescente comentado: Comentários jurídicos e socias*. 5.ed. São Paulo: Malheiros, 2002, p. 287-288.

(Lei 8.742/93) e a Política Nacional de Assistência Social (2004), o programa de abrigo está inserido nos programas de Proteção Social Especial de Alta Complexidade, tendo em vista a necessidade de prestar à criança e ao adolescente proteção integral (moradia, alimentação, higienização, acompanhamento educacional, psicológico e afetivo, dentre outros), especialmente por ter que se afastá-los do ambiente familiar a que pertenciam.

A medida protetiva de abrigo, portanto, deve estar inserida nas políticas públicas de modo a ser um recurso utilizável somente em situação de extrema necessidade, depois de esgotadas todas as alternativas à manutenção da criança e do adolescente em sua família natural (inclusive numa perspectiva ampliada) ou sua colocação em família substituta e, mesmo quando se mostrar imprescindível, deverá ser buscado, permanentemente, o seu retorno a uma família (natural ou substituta). Somente nesse contexto é que se estará dando acolhida aos princípios estabelecidos pela Convenção sobre os Direitos da Criança das Nações Unidas e pelo Estatuto da Criança e do Adolescente.

Mas, para efetivar esse novo panorama legal, as políticas públicas deverão estar voltadas à promoção, proteção e defesa do direito fundamental à convivência familiar, matéria a ser enfrentada nas próximas linhas.

3. Políticas públicas para efetivação do direito à convivência familiar e comunitária

3.1. Políticas públicas: noções fundamentais

A crise de legitimação pela qual passa o Estado brasileiro, especialmente quanto à frágil ou incipiente relação deste com a sociedade, aliada a fatores conjunturais de insatisfação social,[180] tanto em relação ao elevado *déficit* no atendimento das demandas sociais – cada vez maiores e mais complexas – quanto pela crescente mobilização política do extrato social, conjugado a um esgotamento das formas de representação política tradicional, apontam a necessidade de se revisar as estruturas de poder vigentes, bem assim o próprio conceito de Estado. Este, segundo propõe Rogério

---

[180] Tarso Genro assevera: "[...] O Estado, tal qual foi organizado nos últimos cem anos, corresponde também a um certo tipo de revolução econômica, que se esgotou e lança o Estado numa profunda crise. Ela se origina do seguinte: o *esgotamento da civilização fabril*, nos moldes da 2ª Revolução Industrial, substituída pela civilização da sociedade informática e digital; *a globalização dos mercados, da cultura e da produção e a privatização do Estado*, para viabilizar a integração mundial pautada pelas empresas transnacionais, que destrói o conceito moderno de Estado Nacional; *a despotencialização do Estado democrático representativo*, como financiador de políticas públicas e mediador do interesse público". In. GENRO, Tarso. *Cidade, Cidadania e Orçamento Participativo*. In: FACHI, Roberto Costa e CHANLAT, Alain. Governo Municipal na América Latina. Porto Alegre: Sulina/UFRGS, 1998, 196-198.

Gesta Leal, deve partir de uma perspectiva de ampliação, na sua dimensão máxima, do princípio da soberania popular como fundamento de sua própria existência.[181]

Sob esse viés, o Estado deixa de exercer determinadas funções tradicionais (detentor do controle da ordem social e produtor direito de bens e serviços) e passa a cumprir um novo papel:

> [...] como indutor e regulador do desenvolvimento, através de ação institucional ágil, inovadora e democrática, compartilhando responsabilidade com o tecido social e tendo como preocupações nodais: a regulação, a representatividade política, a justiça e a solidariedade.[182]

Essa (re)fundação do Estado contemporâneo, segundo professa Tarso Genro, implica, da mesma forma, a redefinição da relação entre a Sociedade Civil e o Estado, que passa a ser pautada pela efetiva participação política da cidadania e pela criação de mecanismos e instrumentos viabilizadores dessa participação,[183] fazendo com que haja, segundo prescreve Boaventura de Sousa Santos, a necessidade de se firmar um novo contrato social entre Estado e Sociedade Civil, sobre bases bem diferentes daquele firmado quando da passagem para o Estado Moderno. Refere o citado autor:

> [...] a construção de um novo contrato social, trata-se de um contrato bastante diferente do da modernidade. É, antes de qualquer coisa, um contrato muito mais inclusivo porque deve abranger não apenas os homens os grupos sociais, mas também a natureza Em segundo lugar, é mais conflitual porque a inclusão se dá tanto por critério de igualdade como por critério de diferença. Em terceiro lutar, sendo certo que o objetivo último do contrato é reconstruir o espaço-tempo da deliberação democrática, este, ao contrário do que sucedeu no contrato social moderno, não pode confinar-se ao espaço-tempo nacional estatal e deve incluir igualmente os espaços-tempos local, regional e global. Por último, o novo contrato não está assente em distinções rígidas entre Es-

---

[181] LEAL, 2006, p. 148.
[182] Ibidem, p. 151.
[183] GENRO, 1998, 199.

tado e sociedade civil, entre economia, política e cultura, entre o público e privado. A deliberação democrática, enquanto exigência cosmopolita, não tem sede própria, nem uma materialidade específica.[184]

A radicalidade democrátida deve pautar todos os estágios do agir do Estado seja qual for a direção de sua ação, já que, como refere Norberto Bobbio,

> [...] o único modo de se chegar a um acordo quando se fala de democracia, entendida como contraposta a todas as formas de governo autocrático, é o de considerá-la caracterizada por um conjunto de regras (primárias ou fundamentais) que estabelecem quem está autorizado a tomar as decisões coletivas e com quais procedimentos.[185]

Nesse sentir, o texto constitucional brasileiro, a par de manter instrumentos tradicionais para o exercício de poder – com destaque para o modelo de representação política, especialmente centrado no exercício do mandato eleitoral (democracia representativa, na perspectiva de Bobbio) –,[186] também inovou em estabelecer uma gama de novos mecanismos que configuram – ou pretendem configurar – esse novo modelo de Estado pós-moderno. Esse conceito refere-se tanto à descentralização político-administrativa (via municipalização das políticas públicas), à garantia da efetiva participação popular na gestão pública, como também ao eficiente controle social sobre os atos da Administração Pública e, por conseguinte, delimitando/restringindo o poder monolítico exercido pelo Estado, em uma desejável co-gestão com a sociedade civil, de modo inclusivo e democrático, de característica mais direta ou participativa.[187]

---

[184] SANTOS, Boaventura de Sousa. *Reivindicar a democracia: Entre o pré-contratualismo e o pós-contratualismo*. In. OLIVEIRA, Francisco de & PAOLI, Maria Célia. *Os sentidos da democracia*. Petrópolis-RJ: Vozes, 1999, p. 112.

[185] BOBBIO, 2007, p. 152.

[186] Ibidem, 2005, p. 33-34.

[187] BOBBIO (2005, p. 154), mesmo apontando certos limites sobre o tema, nos ensina que, "[...] sob o nome de democracia Direta entende-se todas as formas de participação no poder, que não se resolvem numa ou noutra forma de representação (nem a representação dos interesses gerais ou política, nem a representação dos interesses particulares ou orgânica): o governo do povo através de delegados investidos de mandatos imperativos e portanto revogável; b) o governo de as-

No plano do modelo de gestão das políticas públicas voltadas à infância e à juventude, o novo referencial legal introduzido pela Carta Política de 1988 e, posteriormente, regulamentado pelo Estatuto da Criança e do Adolescente (ECA) e pela Lei Orgânica da Assistência Social (LOAS), possibilitou a mudança do padrão brasileiro de proteção social, passando de um modelo meritrocático-particularista para um mais próximo do institucional-redistributivo, isto é, para um padrão de proteção social mais igualitarista e universalista.[188]

Essa alteração de modelo pode ser facilmente identificada a partir da observância das características principais previstas para a implantação das políticas públicas que, de um modo geral, são definidas por Pereira e Cunha como:

> [...] a linha de ação coletiva que concretiza direitos sociais declarados e garantidos em lei. É mediante as políticas públicas que são distribuídos ou redistribuídos bens e serviços sociais, em respostas às demandas da sociedade. Por isso, o direito que as fundamenta é um direito coletivo e não individual.[189]

Pertinente à advertência de Veronese quando refere que política pública não é sinônimo de assistencialismo e, muito menos, de paternalismo, devendo ser entendida como:

> [...] um conjunto de ações, formando uma rede complexa, endereçada sobre precisas questões de relevância social. São ações, enfim, que objetiva a promoção da cidadania.[190]

Nessa trilha, Comparato acrescenta que as políticas públicas devem ser dirigidas a uma finalidade, "[...] aparecendo, antes de tudo, como atividade, isto é, um conjunto

---

sembléia, i e, governo não só sem representantes irrevogáveis ou fiduciários, mas também sem delegados; c) o referendum."

[188] COSTA, 2003.

[189] PEREIRA, Potyara A. P.; CUNHA, Edite da Penha.; e outros. *Políticas Públicas*. Belo Horizonte: Ed. UFMG, 2003, p. 12.

[190] VERONESE, Josiane Rose Petry. *Os direitos da criança e do adolescente*. São Paulo: LTr, 1999, p. 193.

organizado de normas e atos tendentes à realização de um objetivo determinado",[191] sendo que apenas um programa ou uma ação, mesmo que direcionados a um fim determinado, não chegam a caracterizar-se como uma verdadeira política pública.

Porém, as políticas públicas não se limitam à seara estatal e, via de regra, acabam atingindo e envolvendo também as atividades privadas realizadas por entidades não governamentais que se envolvam na questão especificada nos programas e ações, sempre objetivando a concretização de direitos, como enuncia Maria Paula Dallari Bucci:

> [...] políticas públicas são programas de ação governamental visando coordenar os meios à disposição do Estado e as atividades privadas, para a realização de objetivos socialmente relevantes e politicamente determinados.[192]

Do ponto de vista normativo, as políticas públicas são referenciadas pelo próprio texto constitucional, quando são definidos, dentre outros aspectos, seus objetivos e princípios, sendo que suas diretrizes são traçadas pela legislação ordinária, como ocorre no campo da infância e da juventude, quando o ECA estabeleceu as diretrizes a serem seguidas (art. 88, I a VI), a fim de garantir a consecução dos objetivos estabelecidos e, por consequência, a própria realização dos direitos a que visa proteger.

Não se pode perder de vista que, como as políticas públicas estão inseridas na estrutura do Estado, mesmo quando envolvem entidades privadas, elas passam a se submeter, assim como as suas partes (os programas, os projetos, as ações), aos princípios estruturantes da Administração Pública, com destaque ao princípio da eficiência, como assevera Massa-Arzabe:

---

[191] COMPARATO, Fábio Konder. *Ensaios sobre o Juízo das constitucionalidades das políticas públicas*. In: MELLO, Celso Bandeira de. (Org.) Estudos em Homenagem a Geraldo Ataliba. São Paulo: Malheiros, 1997, v. 2.

[192] BUCCI, Maria Paulo Dallari. *Direito administrativo e políticas públicas*. São Paulo: Saraiva, 2002, p 239.

[...] Como as políticas públicas existem em função de objetivos que devem ser concretizados, a avaliação de seu procedimento e dos resultados que vai alcançando devem ser pautados pelo exame da eficiência. O critério da eficiência aqui não tem a ver tanto com a otimização do uso dos recursos financeiro quanto com a satisfação o mais aproximada possível das metas traçadas, obedecidos os princípios e as diretrizes previamente estabelecidos. É exatamente tendo em conta esse princípio que, freqüentemente, ajustes devem ser efetuados ao procedimento, sempre com vista ao aprimoramento – jamais com a redução das metas [...].[193]

A par disso, indispensável ressaltar que, fruto da mesma transformação política ocorrida nesse período, com a afirmação da cidadania brasileira, houve significativo reconhecimento dos mais diversos direitos civis, políticos e sociais, gerando uma expectativa de satisfação não apenas dos mínimos sociais, mas da integralidade do indivíduo, cuja responsabilidade passa a ser, no caso da infância e da juventude, da família, da sociedade e, principalmente, do Estado.

No entanto, apesar da ampla previsão legal dos direitos das crianças e dos adolescentes, ainda se faz sentir um enorme fosso entre as previsões legais e a cobertura e garantia efetiva desses direitos, motivo pelo qual é imprescindível conhecer a forma como a legislação de regência prescreveu a formatação das políticas públicas a serem implementadas em favor da infância e juventude brasileira.

3.2. Linhas de ação e diretrizes da política pública de atendimento à criança e ao adolescente

Pela nova normativa, a política pública de atendimento dos direitos das crianças e dos adolescentes está fixada sobre quatro linhas de ação, que devem ser implantadas, segundo reza o artigo 86 do ECA, através de um conjunto articulado de ações governamentais e não governamentais,

---

[193] MASSA-ARZABE, Patrícia Helena. *Dimensão Jurídica das Políticas Públicas*. In: BUCCI, Maria Paula Dallari (Org.). Políticas Públicas – reflexões sobre o conceito jurídico. São Paulo: Saraiva, 2006, p. 69.

da União, dos Estados, do Distrito Federal e dos Municípios, assim definidas por Antônio Carlos Gomes da Costa:

Políticas Sociais Básicas – trata-se de direito de todas as crianças e adolescentes e dever do Estado, como educação, saúde, cultura, recreação, esporte, lazer, profissionalização, etc;
Políticas de Assistência Social – tendo como destinatárias às crianças e adolescentes que se encontram em estado de necessidade permanente ou temporária, em razão da situação de vulnerabilidade a que estão expostos;
Política de Proteção Especial – destinada àquelas crianças e adolescentes que se encontrem em situação de risco pessoal e social, pois violados ou ameaçados em seus direitos, como as vítimas de abandono, abusos, negligências, maus-tratos (ex. programas de abrigo, socioeducativos em meio aberto, etc.), assim como adolescentes em conflito com a lei, em decorrência da prática de ato infracional;
Política de Garantia de Direitos – para quem precisa pôr para funcionar, em seu favor, as conquistas do estado democrático de direito, conforme disciplina o art. 87, I a V, do ECA.[194]

Nas lições de Costa, a nova estrutura confere "[...] organicidade ao conjunto de ações, governamentais ou não, em favor da infância e da juventude, através de uma reconfiguração das diversas modalidades de intervenção presentes na sociedade e, principalmente, no ramo social do Estado brasileiro",[195] sugerindo a seguinte escala de atuação das políticas públicas:

Figura 1 – Linhas de Ação das Políticas de Atendimento:

---

[194] COSTA, 2003, p. 12.
[195] Idem. É possível mudar. São Paulo: Ed. Malheiros, 1993, p. 30.

Dessa forma, é possível estabelecer uma relação entre o nível de oferta das Políticas Sociais Básicas com o grau de dependência às demais políticas de atendimento, de modo que, quanto maior for o nível dos serviços de educação (desde a educação infantil até o ensino médio), saúde, cultura, recreação, esporte, lazer e profissionalização, menor será a necessidade das políticas de Assistência Social, de Proteção Especial e Garantia de Direitos.

Segundo Martha de Toledo Machado, sem a efetivação dos chamados direitos sociais de crianças e adolescentes – especialmente educação saúde, profissionalização, direito ao não trabalho no seu particular imbricamento com o direito à alimentação – não se logrará material proteção a seus direitos fundamentais.[196]

Para a implantação dos programas e ações em cada uma dessas quatro linhas de ação da política pública de atendimento, tanto a normativa constitucional (arts. 204 e 227 e seus parágrafos) quanto a ordinária (art. 88, I a IV, do ECA) estabeleceram um conjunto de diretrizes fundamentais, as quais devem servir como parâmetros operacionais na consecução das políticas públicas voltadas à proteção integral da criança e do adolescente.

Dentre essas diretrizes, destaca-se a descentralização das políticas públicas, com ênfase na municipalização de ações e serviços na área de infância e juventude (art. 88, I a VI, ECA), deslocando o centro gravitacional do poder da União para o Município.

A par disso e na busca de garantir e efetivar os direitos reconhecidos na Carta Política de 1988, um conjunto de leis foi editado ao longo dos anos 90, com o objetivo de melhor regulamentar os respectivos dispositivos constitucionais (arts. 196 e s.; 203 e s.; e 205 e s., da CF), destacando-se a Lei Orgânica da Saúde (Lei 8.080/90), a Lei Orgânica

---

[196] MACHADO, 2003, p. 136.

da Assistência Social (Lei 8.742/93)[197] e a Lei de Diretrizes e Bases da Educação (Lei 9.394/96).

Nesse aspecto, coube ao ECA, além de reeditar o rol dos direitos fundamentais específicos a infância e juventude previstos pela Carta Política, disciplinar, na sua Parte Especial, Título II, enquanto integrante da Política de Proteção Especial, as Medidas de Proteção (arts. 98 a 101) – aplicáveis quando os direitos reconhecidos às crianças e aos adolescentes forem ameaçados ou violados, seja por ação ou omissão da sociedade ou do Estado, por decorrência de falta, omissão ou abuso dos pais ou responsáveis, ou seja, ainda, em razão de sua própria conduta.

No que se refere ao atendimento a ser destinado às crianças e aos adolescentes em situação de vulnerabilidade pessoal ou social, como nos casos de vítimas de negligências, maus-tratos, exploração, abuso, crueldade e opressão, a legislação de vanguarda operou profunda ruptura na forma de intervenção, tanto em relação às práticas do Estado, quanto da sociedade e da família, já que a criança e o adolescente foram guindados à condição de sujeitos de direitos.

No entanto, mesmo diante da existência de vasta normativa garantidora de direitos, as políticas públicas, principalmente as de caráter universal, ainda não alcançaram, em termos de cobertura à população empobrecida, níveis adequados, motivo pelo qual, cada vez mais, se faz necessário acessar políticas de assistência social e de proteção de direitos.

E, no que se refere à garantia do direito fundamental à convivência familiar e comunitária, seja pelo seu recente reconhecimento e inserção no cenário jurídico, seja fren-

---

[197] Dentre as diretrizes fixadas pela LOAS, também está a descentralização político-administrativa, cabendo a coordenação e as normas gerais à esfera federal e a coordenação e execução dos respectivos programas às esferas estaduais e municipais, bem como as entidades beneficentes e de assistência social, garantindo o comando único das ações em cada esfera de governo, respeitando-se as diferenças e as características socioterritoriais locais.

te às incipientes ações governamentais desenvolvidas no sentido de sua efetiva promoção, mostra-se absolutamente pertinente e necessária a articulação de ações em um plano abrangente e universal, de execução permanente e continuada, envolvendo não somente os aparelhos estatais, mas também aqueles assentados na organização social, de modo a concretizar os comandos normativos em efetivas ações em prol de tão importante direito.

É justamente nesse contexto que pode se situar o Plano Nacional recentemente proposto pelo Governo brasileiro. No entanto, diante de sua relevância, faz-se necessário analisar a pertinência de suas propostas, tendo por base as diretrizes nele traçadas.

Para tanto, através do uso de método indutivo de pesquisa e, a partir da análise da experiência vivenciada na cidade de Lajeado-RS, pretende-se confrontar as ações já implementadas e integrantes (ou não) das políticas públicas, com as diretrizes traçadas no Plano Nacional e, assim, verificar a sua validade e pertinência para efetiva garantia do direito à convivência familiar.

3.3. Contextualização do plano nacional às políticas públicas na área da convivência familiar e comunitária na cidade de Lajeado-RS

A partir das premissas lançadas acerca da moderna concepção de políticas públicas, cumpre analisar, mesmo que de forma não exaustiva, se as propostas previstas no Plano Nacional se mostram adequadas e pertinentes para orientar as políticas públicas na área da infância e juventude, especificamente no que se refere à tutela do direito fundamental à convivência familiar.

Para Bucci, no sistema constitucional brasileiro, as políticas públicas geralmente expressam-se por meio de instrumentos legais, mas existem, também, "[...] políticas que se traduzem em programas de ação, cujo detalhamento ocorre neste tipo de formato, ou seja, em decretos, portarias ou resoluções".[198] Esses programas e projetos, como instrumentos das políticas públicas, devem apresentar, sobretudo, o detalhamento das metas, cronogramas e orçamento à sua implantação e consecução.

Para a mesma autora, há certa proximidade entre as noções de política pública e de plano, embora aquela possa consistir num programa de ação governamental veiculado por instrumento jurídico diverso do plano. Afirma ainda:

> [...] A política é mais ampla que o plano e define-se como o processo de escolha dos meios para a realização dos objetivos do governo, com a participação dos agentes públicos e privados. [...] A política pública transcende os instrumentos normativos do plano ou do programa. Há, no entanto, um paralelo evidente entre o processo de formulação da política e a atividade de planejamento.[199]

Nesse sentido, pode-se destacar que, do ponto de vista estrutural, o Plano Nacional, ao estabelecer metas (ou diretrizes), fixar o alcance de seus objetivos (ou propósitos), bem como ao trazer, intrinsecamente, a definição das responsabilidades das instituições e entes governamentais que devem atuar para a sua consecução, revela-se apto a se constituir em um dos instrumentos para a estruturação das políticas públicas na área da infância e juventude no Brasil.

Ademais, o Plano Nacional restou aprovado pelos respectivos Conselhos Nacionais (CONANDA e CNAS), órgãos competentes para definir as políticas públicas para a área da infância e juventude, conforme determina o Texto Constitucional.

Assim, mesmo sabendo que a execução do Plano Nacional está apenas iniciando, já que estão previstas ações até 2015, mas considerando que muitas das ações já vêm

---

[198] BUCCI, Maria Paula Dallari. As políticas públicas e o direito administrativo. Revista Trimestral de Direito Público. São Paulo: Malheiros, n. 13, 1996, p. 135.

[199] Ibidem, p 136.

sendo desenvolvidas em diversos lugares no País,[200] a exemplo da realidade vivenciada na Cidade de Lajeado-RS desde 2002, procurar-se-á confrontá-las, especialmente no que se refere as suas diretrizes, com os dados levantados e, a partir desta análise, oferecer subsídios para legitimar e ratificar as ações já desenvolvidas e em desenvolvimento, assim como para orientar e influir naquelas que ainda se mostram insuficientes ou inexistentes, mas necessárias de serem implementadas. Ainda, poderá servir de referencial para municípios que ainda não despertaram para o necessário enfrentamento dessa problemática.

Para o confronto com a realidade local, serão analisadas as diretrizes fixadas no Plano Nacional, as quais se constituem os eixos operacionais à atuação dos agentes executores da política pública em questão.[201] Tendente a facilitar a abordagem, as diretrizes serão agrupadas conforme a predominância das ações previstas, nos seguintes grupos: a) em relação à família; b) em relação à criança e ao adolescente; c) em relação à institucionalização; d) em relação à adoção; e) em relação ao controle social.

3.3.1. Em relação à família

Nesse grupo, serão apreciadas as ações e os programas desenvolvidos na cidade de Lajeado-RS envolvendo as primeiras quatro diretrizes do Plano Nacional, a saber:

> a) centralidade da família nas políticas públicas; b) primazia da responsabilidade do Estado no fomento de políticas integradas de apoio à família; c) reconhecimento das competências da família na sua organização interna e na superação de suas dificuldades; d) respeito à diversidade étnico-cultural, à identidade e orientação sexuais, à eqüidade de gênero e às particularidades das condições físicas, sensoriais e mentais.

---

[200] RIZZINI, 2007.

[201] MASSA-ARZABE, 2006, p. 70.

Como visto, o Plano Nacional utiliza um conceito aberto para definir a família (item 2.2), dando ênfase às funções de proteção e socialização de seus filhos em detrimento da sua forma ou composição. Semelhante definição foi adotada pela Política Nacional de Assistência Social – PNAS (2004), que também tem na família a centralidade na concepção e implantação dos benefícios, serviços, programas e projetos.

Em nível local, o gestor municipal está habilitado na Gestão Básica de Assistência Social, conforme disciplina a PNAS e a NOB/SUAS.[202] No entanto, são desenvolvidas, além das ações de Proteção Básicas, com viés de prevenção às situações de risco, também ações de Proteção Especial, destinadas a enfrentar situações de violação concreta de direitos, tanto aquelas referentes à média complexidade quanto as de alta complexidade. Para tanto, dispõe de um CRAS – Centro de Referência da Assistência Social – e um CREAS – Centro Regional Especializado de Assistência Social[203] –, devidamente compostos por profissionais das áreas da psicologia e assistência social, dentre outros.

Para a análise proposta e, diante dos programas e metas de atendimento desenvolvidas em Lajeado-RS, é possível aferir que existe relativo défice de cobertura dos programas sociais desenvolvidos junto às famílias de que deles necessitam, tanto no que se refere às ações de prevenção das mais diversas formas de ameaças aos direitos das crianças e adolescentes, quanto na atuação diante de situação de vulnerabilidade pessoal e social ou de violação de direitos já consolidados, o que, na área da convivência familiar, se materializa com o afastamento da criança e do

---

[202] Resolução n° 130, de 15 de julho de 2005. Conselho Nacional de Assistência Social.

[203] O caráter regional do serviço decorre da centralidade geográfica do Município de Lajeado-RS, sem que isso importe em atendimento de toda a demanda regional, mas apenas dos casos de maior complexidade não resolvidos nos municípios de origem.

adolescente do ambiente familiar natural, mediante sua institucionalização.

Assim, segundo dados apresentados pela Secretaria Municipal de Trabalho, Habitação e Assistência Social (STHAS) de Lajeado-RS, em 31 de dezembro de 2007, existiam 2.248 famílias inscritas no Cadastro Único (CadÚnico), sendo que destas, 1.841 famílias possuíam renda *per capita* não superior a R$ 120,00. No entanto, eram beneficiadas apenas 1.270 famílias pelo Programa Bolsa-Família.[204]

Frente a estes dados, já é possível verificar que nem toda a demanda vinha sendo atendida pelo referido programa e, se considerar que se tratavam de famílias em situação de maior vulnerabilidade socioeconômica, pode-se afirmar que apenas 68,89% dessas famílias eram atendidas, revelando a necessidade de ampliação da cobertura, até como forma de atender ao disposto no art. 23, parágrafo único, do ECA, que prevê a inclusão da família em programas oficiais de auxílio como forma de se manter, salvo a existência de outros motivos graves, a convivência familiar entre seus membros.

Evidentemente que, com essa análise, não se está afirmando que o critério econômico das famílias, por si só, revela-se em um fator de risco aos filhos. No entanto, não se pode ignorar que tal circunstância potencializa outras dificuldades, as quais poderão repercutir nas mais diversas formas de negligências e violações de direitos das crianças e adolescentes.[205]

Além desse programa, eram mantidos outros programas, tanto em caráter de prevenção, como o ASEF – Ações Sócio-Educativas às Famílias –, que atendia cinquenta famílias, e o OASF – Orientação e Apoio Sócio Familiar –,

---

[204] Informações obtidas junto a Secretaria do Trabalho, Habitação e Assistência Social de Lajeado – STHAS, em 31 de dezembro de 2007.

[205] Não se pretende aqui analisar meritoriamente os programas sociais, mas mostram-se pertinentes as críticas feitas por Cruz (2006, p.159 *et seq*) ao problematizar os chamados programas de apoio às famílias.

que prestava atendimento a cem famílias; como também os direcionados à situação de violação de direitos, através do PETI – Programa de Erradicação do Trabalho Infantil –, no qual eram atendidas 89 crianças, e do Programa Sentinela, que atendeu, em 2007, a 140 crianças e adolescentes e suas famílias, além do PAMSEMA – Programa de Atendimento de Medidas Sócio-Educativas em Meio Aberto –, que atendeu 95 adolescentes em conflito com a lei ao longo do ano de 2007.[206]

Esse conjunto de programas, por certo, contribuiu e tem contribuído para a manutenção dos vínculos entre as crianças e os adolescentes e suas famílias. No entanto, a aferição de sua real relevância à promoção do direito à convivência familiar e comunitária não pode ser medida apenas através desses números, necessitando analisar e estudar outras variáveis.

Dentre estas, situa-se a questão da abrigagem de crianças e adolescentes, através da qual é possível aferir, com mais segurança, a eficácia ou não desses programas frente à promoção, proteção e defesa do direito à convivência familiar e comunitária, já que se parte de uma situação consolidada, baseada nos casos concretos de privação desse direito e, a partir desses dados, se torna possível confrontá-los com os programas sociais existentes.

Para tanto, como ponto de partida, é fundamental verificar como se estabeleciam os vínculos familiares das crianças e dos adolescentes abrigados.

Com o propósito de situar o tema em nível nacional, segundo os dados apresentados pelo Levantamento Nacional de Abrigos,[207] diferentemente do que supõe o senso comum, 87,6% de crianças e adolescentes que se encontram nos abrigos têm família, sendo que, destes, 58,2% mantêm

---

[206] Informações obtidas junto a STHAS, Lajeado, em 31 de dezembro de 2007.

[207] SILVA, E. R. A.; MELLO, S. G. *Contextualizando o "Levantamento Nacional dos Abrigos para Crianças e Adolescentes da Rede de Serviços de Ação Continuada"*. In: SILVA, 2004, p. 59-61.

algum vínculo com seus familiares, isto é, embora estejam afastados da convivência familiar diária, eles visitam ou recebem visitas de seus familiares. Já o restante (29,4%) não tem família conhecida ou estas constam como desaparecidas, não mantendo, portanto, qualquer vínculo afetivo estreito com eles. Apenas 5,8% dos pesquisados estão impedidos judicialmente de manter qualquer contato com os familiares de origem. A agravar esse quadro, constatou-se, ainda, que o principal motivo para abrigamento está ligado à carência econômica das famílias, com 24,1%.

Dentre outras leituras, isso revela que a medida protetiva de abrigo continua sendo utilizada muito mais como um programa de apoio à família do que de proteção à criança e ao adolescente vitimizado ou violado em seus direitos fundamentais.

Na coleta de dados realizada por ocasião da presente pesquisa junto à rede de abrigos de Lajeado,[208] verificou-se que 57% dos abrigados mantinham algum tipo de vínculo com sua família de origem, sendo que esses contatos se davam mediante visitas dos abrigados aos seus familiares (na maioria das vezes, com a família natural ampliada), inclusive com regular frequência (todos os finais de semana ou duas vezes ao mês), bem como através de visitas recebidas nas instituições, como demonstra o gráfico da página seguinte:

---

[208] São duas entidades comunitárias, com suporte financeiro do poder público, que executam programa de abrigo, em sistema de casas-lares (no total de 6), abrigando 56 crianças e adolescentes, incluídos àqueles que estão em fase de desligamento (35), o que será melhor detalhado nos próximos itens.

Gráfico 1 – Lajeado-RS – Vínculo familiar dos abrigados, em 31/12/2007

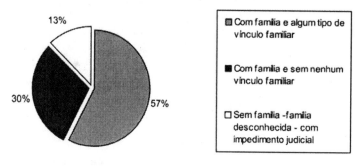

Fonte: dados coletados pelo autor, 2007.

Por outro lado, o elevado índice de 43% de crianças e adolescentes que não mantinham qualquer vínculo com suas famílias, sendo elas conhecidas ou não, por si só, já revelava a insuficiência dos programas sociais existentes ou a sua incapacidade de articular-se positivamente em prol da manutenção ou restabelecimento desses vínculos. Como conseqüência, tem-se o progressivo esfacelamento dos precários vínculos familiares, isso se ainda persistirem, em desacordo com a norma prevista no art. 92, I, do ECA.

Ao confrontarmos os dados daquelas famílias conhecidas – que mantinham ou não vínculos com seus respectivos filhos institucionalizados e que totalizavam 87% dos casos –, em relação às suas inserções nos programas sociais oferecidos, verificou-se que apenas 51% das famílias estavam inseridas em um ou dois programas de atendimento, enquanto as famílias restantes (49%) não eram alcançadas pelos programas sociais desenvolvidos e, consequentemente, a questão do resgate ou fortalecimento da convivência familiar com seus filhos abrigados não fazia parte de suas realidade, revelando, por si só, diminutas as possibilidades de eventual retorno ou superação dos motivos que deram origem ao abrigamento, como demonstra o gráfico a seguir:

Gráfico 2 – Lajeado-RS – Inserção das famílias de abrigados em Programas Sociais, em 31/2/2007

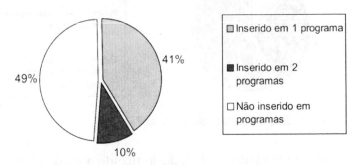

Fonte: dados coletados pelo autor, 2007.

Ao analisar as famílias que estavam inseridas em programas públicos (que totalizavam 51%), percebeu-se que 61% dos atendimentos prestados àquelas famílias se referiam ao programa Bolsa-Família, demonstrando que não vinha alcançando, nestes casos, seus objetivos, já que concebido justamente para manutenção e fortalecimento dos vínculos familiares, quando o que se verificou foi que crianças e adolescentes destes núcleos familiares continuavam institucionalizados. Também, pode revelar a insuficiência e a desconexão com os demais serviços de apoio à família existentes, ao ponto de não lograr evitar o rompimento do vínculos familiares.

Gráfico 3 – Lajeado-RS – Espécies de Programas Sociais em que estão inseridas as famílias dos abrigados, em 31/12/2007

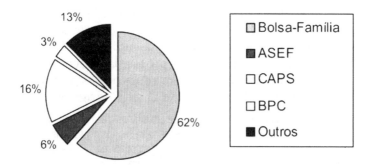

Fonte: dados coletados pelo autor, 2007.

Ademais, os dados também revelaram o quanto a carência econômica dos núcleos familiares ainda se constituiu em um dos principais motivos para o abrigamento, como também tem se mostrado relevante à permanência de crianças e adolescentes nas instituições de abrigo.

Gráfico 4 – Lajeado-RS – Motivo de ingresso no abrigo, segundo sua frequência, durante o período de 2002 a 2007.

Fonte: dados coletados pelo autor, 2007.

No entanto, o mais revelador, talvez, seja o quanto os programas existentes estavam em descompasso com as diretrizes previstas no Plano Nacional, já que os serviços e ações de apoio à família, sejam de proteção básica, sejam de proteção especial, deveriam ser executados de forma articulada, integrando toda a rede de atendimento. Ora, o que se verificou, no entanto, foram programas e ações focados muito mais nas pessoas do que nas suas necessidades. Aqui, cumpre referir as observações de Lilian Rodrigues da Cruz:

> Torna-se imprescindível, então, revermos os parâmetros que muitas vezes utilizamos para fazermos avaliações psicossociais. Estamos considerando a cultura e os valores da comunidade? Para tal, faz-se necessário construir uma relação dialógica, procurando identificar os potenciais emancipatórios do grupo familiar e da comunidade. Quem sabe estando o profissional aberto a escutar outras formas de subjetivação, outros modos de proteção dos filhos, estejamos construindo caminhos que possibilitem potencializar os sujeitos. Não ter a expectativa de mudar as famílias, mas facilitar as trocas, objetivando a emancipação, pode ser o início da horizontalidade das relações.[209]

Portanto, diante do princípio da eficiência de que se revestem os atos administrativos, especialmente no âmbito municipal, indesviável reconhecer a necessidade de serem acolhidas as diretrizes do Plano Nacional, no sentido de (re)orientar os programas e ações em andamento, de modo a privilegiar a efetiva tutela do direito à convivência familiar e comunitária.

3.3.2. Em relação à criança e ao adolescente

Segundo o Plano Nacional, somente através do reconhecimento de habilidades, competências, interesses e necessidades específicas das crianças, dos adolescentes e dos jovens adultos,[210] será possível contribuir para o forta-

---

[209] CRUZ, 2006, p. 164;

[210] No caso da medida de abrigo, consideram-se jovens adultos a população formada pelos maiores de 18 anos, desde que a medida tenha se iniciado antes de atingir a maioridade civil.

lecimento das suas autonomias e elaboração de projeto de vida.

Nesse sentido, a interface do Plano Nacional deve estar focada na política voltada à juventude,[211] já que o segmento criança (até 12 anos de idade) está mais relacionado às políticas de amparo à família acima analisadas.

E, no que se refere à medida protetiva de abrigo dos adolescentes e jovens adultos, a questão mais tormentosa está relacionada à preparação para a vida adulta, o que, para muitos adolescentes, pode significar a perda do único referencial construído após alguns (ou vários) anos de institucionalização.

Segundo os dados trazidos à baila pelo Levantamento Nacional de Abrigos, em 2003, 32,4% dos abrigados já contavam com 13 a 18 anos de idade (atualmente, estariam com idade entre 15 e 23 anos). Qual foi o destino desses jovens? A persistir a lógica de 2003, em que apenas 2,3% dos abrigados tinham mais de 18 anos de idade, por certo, grande parte daqueles adolescentes foram desligados tão logo completaram a maioridade civil. Em que condições? Bem, essa resposta ficará para reflexão de todos!

Além disso, aqueles que contavam, em 2003, entre 7 e 12 anos de idade somavam 40,8% e, tendo em vista o tempo médio de permanência girar entre 2 a 5 anos (32,9%), associado ao fato da baixa colocação em família substituta nessa faixa etária, é bem provável que muitos ainda permaneçam abrigados, visto que atualmente contariam com idade entre 11 e 14 anos.

Em nível estadual, segundo dados apresentados pela Fundação de Proteção Especial, órgão do Governo do Esta-

---

[211] A partir de 01/02/2005, foi criada a Secretaria Nacional de Juventude, órgão ligado à Presidência da República, regulamentada pela Lei 11.129, de 30 de junho de 2005, sendo responsável por articular os programas e projetos, em âmbito federal, destinados aos jovens na faixa etária entre 15 e 29 anos de idade. (http://www.planalto.gov.br/secgeral/frame_juventude.htm>. Acesso em 19 jan. 2008).

O DIREITO À CONVIVÊNCIA FAMILIAR E COMUNITÁRIA   101

do do Rio Grande do Sul responsável pela execução direta do programa de abrigamento em quarenta e duas unidades de atendimento em Porto Alegre e no interior do Estado, 62,56% dos abrigados, em 31 de dezembro de 2007, contavam com idade entre 07 e 18 anos de idade, sendo que 21,15% possuíam a maioridade civil à época.[212]

Esse perfil etário não destoa do universo pesquisado, pois 53,6% dos abrigados em Lajeado-RS, em 31 de dezembro de 2007, contavam com mais de 13 anos de idade, sendo que 5,4% possuíam mais de 18 anos, como pode ser visto no gráfico abaixo:

Gráfico 5 – Lajeado-RS – Perfil dos abrigados, segundo faixa etária, em 31/12/2007

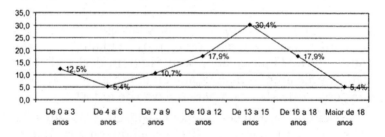

Fonte: dados coletados pelo autor, 2007.

Todavia, deve ser ressaltado que, nos últimos anos, as entidades de abrigo foram desafiadas a enfrentar a temática da preparação gradativa para o desligamento, em atendimento ao que dispõe o art. 92, VIII, do ECA. Nesse sentido, durante certo período (mais de dois anos), uma das entidades de abrigo de Lajeado-RS transformou, dentro de seu espaço, uma das casas-lares em ambiente de convivência

---

[212] ESTADO do Rio Grande do Sul. Fundação de Proteção Especial. Disponível em: <http://www.fpe.rs.gov.br/portal/index.php?menu=secretaria&subitem=3>. Acesso em: 10 ago. 2008.

apenas de adolescentes (nos moldes de uma república), os quais eram supervisionados pelos cuidadores das demais casas-lares e pelos técnicos da entidade. Esta experiência, apesar das naturais dificuldades e conflitos, se constituiu em importante instrumento para criação e fortalecimento da autonomia dos adolescentes, capacitando-os à gerência de suas vidas na fase adulta. No entanto, com o progressivo desligamento de alguns jovens, tal experiência foi deixada de lado.

Outra experiência voltada ao fortalecimento dos vínculos das crianças e dos adolescentes tem sido o Programa de Apadrinhamento Afetivo,[213] que teve início no ano de 2003 a partir da conjugação de esforços de várias entidades e profissionais voluntários e que, em 2006, foi incorporado aos programas mantidos pelo gestor público municipal,[214] sendo que, em 31 de dezembro de 2007, estavam inseridas apenas cinco crianças e adolescentes. Evidentemente, a baixa adesão comunitária a esta forma de vivência comunitária revela a necessidade de maior engajamento, tanto das entidades que executam o programa de abrigo, quanto do gestor municipal, a quem compete, dentro de suas atribuições regulares, mobilizar a comunidade acerca desta importante ferramenta de minimização dos efeitos negativos que o abrigamento prolongado causa em crianças e adolescentes.

Além dessas iniciativas, outras ações vinham sendo executadas pelas entidades que executam o programa de abrigo, sendo que, por ocasião da pesquisa, 35 abrigados

---

[213] O Programa de Apadrinhamento Afetivo (PAA) tem como objetivo selecionar e capacitar, em caráter permanente, padrinhos e madrinhas afetivos, a fim de propiciar experiências e referências afetivas duradouras, tanto familiares quanto comunitárias, para crianças e adolescentes em medida de proteção de abrigo, com vínculos familiares fragilizados ou rompidos, independentemente de seus genitores já terem sido destituídos/suspensos do poder familiar.

[214] O PAA está sendo coordenado pela equipe técnica da STHAS, que centraliza as inscrições, realiza as entrevistas e a capacitação dos interessados, os quais são encaminhados às entidades de abrigo, ocasião em que também supervisiona a formação de vínculos com a criança/adolescente previamente por esta indicado.

O DIREITO À CONVIVÊNCIA FAMILIAR E COMUNITÁRIA

– o que equivale a 62,5% dos abrigados – encontravam-se em processo de desligamento das instituições, o que envolvia desde a manutenção e fortalecimento dos vínculos com as famílias de origem, por intermédio de visitas frequentes, até a preparação à vida adulta aos adolescentes, compreendendo a formação de sua autonomia, apoio à moradia e, inclusive, obtenção de emprego formal e geração de renda.

Também, o envolvimento em atividades de capacitação profissional tem sido empreendido pelas entidades, sendo que sete jovens participavam e/ou já participaram de cursos de profissionalização, e quatro foram inseridos no mercado de trabalho. A par disso, a questão do desligamento é permanentemente trabalhada, até como forma de não permitir a conformação com a situação em que se encontram e, a partir disso, motivá-los a enfrentar os desafios típicos desta fase de suas vidas.

Por isso, as ações voltadas ao fortalecimento da autonomia e a elaboração de um projeto de vida aos adolescentes e jovens se torna imprescindível nesse momento. Mas, quem deverá se responsabilizar por tais questões? Esta pergunta muitos se fazem, inclusive as próprias instituições, mesmo diante do conteúdo do art. 92, VIII, do ECA, que prevê que o programa de abrigo deverá preparar, de forma gradativa, para o desligamento.

Alegam, no entanto, que, sendo o Conselho Tutelar e Juizado da Infância e Juventude competentes para abrigar, devem também se responsabilizar pelo desligamento. Por certo, a questão não pode se restringir à definição de quem é (ou não) competente para tanto, mas, sim, deve ser pautada pela inclusão desse assunto em ações e programas das políticas públicas que envolvem a tutela do direito à convivência familiar e comunitária.

O que se percebeu, no entanto, é que as iniciativas se limitavam apenas às entidades de abrigo, quando deveriam fazer parte das ações dos demais operadores do sistema de proteção e de justiça.

Para tanto, o gestor público, as entidades de abrigo, os órgãos de proteção de direitos (conselhos de direitos e tutelar), os integrantes do sistema de justiça (Juizado da Infância e Juventude, Ministério Público, Defensoria Pública), sem prescindir da efetiva participação dos adolescentes que se encontram nessa situação, devem contribuir para a formulação de estratégias que permitam aos jovens vislumbrar uma perspectiva além do abrigamento, tanto incentivando-os à criatividade no campo das ciências, das artes, da cultura e dos esportes, quanto na formação profissional e de liderança infanto-juvenil.

3.3.3. Em relação à institucionalização

O Plano Nacional, ao focar a questão da institucionalização sob a ótica da necessária observância das suas características marcantes (excepcionalidade, provisoriedade e instrumentalidade), como já analisado no tópico 2.4 supra, estabeleceu a prioridade na busca de alternativas para evitar o abrigamento desnecessário e prolongado, apontando o reordenamento institucional e o acolhimento familiar como capazes de minorar tal situação. Assim, a análise se dará a partir destes dois tópicos.

3.3.3.1. Reordenamento institucional

A fim de dar efetividade ao caráter excepcional, provisório e instrumental da medida protetiva de abrigo, por iniciativa da Promotoria de Justiça da Infância e Juventude de Lajeado-RS, em meados 2002, passaram a ser desenvolvidas atividades nessa área, destacando-se a permanente articulação com os mais diversos setores da sociedade e com órgãos públicos responsáveis pela questão, tendo como objetivos melhorar as condições de abrigagem e criar alternativas para o resgate do direito à convivência familiar e comunitária de crianças e adolescentes abrigados.

O DIREITO À CONVIVÊNCIA FAMILIAR E COMUNITÁRIA   **105**

Assim, após realizar pioneiro levantamento de dados acerca do perfil de crianças e adolescentes abrigados em Lajeado-RS,[215] bem como das entidades responsáveis, foram instaurados Inquéritos Civis,[216] no âmbito dos quais foram firmados Termos de Ajustamento de Conduta[217] com as mantenedoras das entidades que executavam programa de abrigo, nos quais foram pactuados, dentre outros aspectos, a contratação de pessoal técnico, o treinamento dos cuidadores, a elaboração de projeto pedagógico[218] e a alteração arquitetônica das unidades de abrigamento, transformando-as em casas-lares. Também, viabilizou-se a unificação dos programas de abrigo mantidos por duas entidades (uma privada e outra pública), com o envolvimento do gestor municipal e outras entidades comunitárias, bem como viabilizou-se a alteração das bases de financiamento público às entidades de abrigo.[219] Ainda, foram criados instrumentos para a comunicação tanto dos novos abrigamentos (Ficha de Abrigamento)[220] quanto dos desligamentos (Ficha de Desligamento)[221] realizados, com o que se passou a ter uma melhor integração operacional entre todos os órgãos envolvidos.[222]

---

[215] PROJETO diagnosticando a realidade das crianças e adolescentes em situação de abrigo – Lajeado, RS. Disponível em <http://www.mp.rs.gov.br/infancia/pgn/id291.htm>. Acesso em: 15 jan. 2008.

[216] Instauração de Inquéritos Civis, tombados sob n° 00802.00016/2002 e 00802.00017/2002.

[217] Vide Anexo I – Minuta do Termo de Ajustamento de Conduta.

[218] Vide Anexo II – Minuta de Proposta Pedagógica do Programa de Abrigo.

[219] Apenas para reflexão, no ano de 2007, o custo *per capita/mês* de cada criança e adolescente institucionalizado em Lajeado-RS importou em R$ 713,88, Para o presente cálculo foram considerados os recursos próprios das entidades (R$ 264.000,00) acrescido do repasse público municipal (R$ 249.995,00), e federal (via Rede SAC), para uma meta de 60 crianças e adolescentes, conforme convênios vigentes e prestação de contas efetuadas pelas entidades.

[220] Vide Anexo III – Ficha de abrigamento.

[221] Vide Anexo IV – Ficha de desabarigamento.

[222] Estas atividades estão melhor detalhadas em: FACHINETTO, Neidemar José. *Medida Protetiva de Abrigo: análise dialética e sua transformação social.* Porto Alegre: FESMP, 2004. Monografia (Programa de Pós-Graduação em Direito da Criança e Adolescente) – Fundação Escola Superior do Ministério Público, 2004.

A partir destas ações, tornou-se possível um acompanhamento mais estreito dos casos de abrigamento, permitindo o desencadeamento das medidas judiciais cabíveis, seja para revisar as medidas aplicadas (art. 137 do ECA), seja aforando as competentes ações para destituição do poder familiar ou colocação em família substituta.

Também, com o objetivo de manter o tema em plena discussão, foram realizados dois seminários municipais nos anos de 2004 e 2005, ocasião em que a comunidade passou a tomar conhecimento da problemática, além de servir de fonte de subsídios e pactuação para novas ações.[223]

Neste caminho, alguns avanços foram verificados, principalmente após 2004, quando foi possível constatar progressiva redução no número de novos abrigamentos, com concomitante crescimento dos desligamentos, como pode se vislumbrar nos gráficos a seguir:

Gráfico 6 – Lajeado-RS – Número de novos abrigamentos (inclusive reingressos) realizados por ano, entre 2002 e 2007

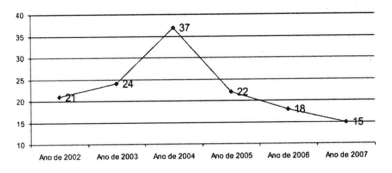

Fonte: dados coletados pelo autor, 2007.

---

[223] Ver Anexo V – Minuta do Pacto de Cooperação Interinstitucional: Pela garantia do direito fundamental à convivência familiar.

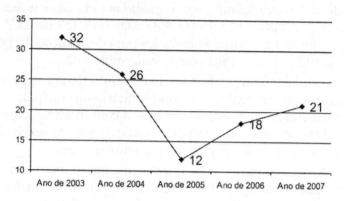

Gráfico 7 – Lajeado-RS – Número de desligamentos realizados, entre 2003 e 2007

Fonte: dados coletados pelo autor, 2007.

Ainda, tendo como parâmetro o último dia de cada ano entre 2002 e 2007, constatou-se que, com exceção de 2004, nos demais anos ocorreu uma redução no número de crianças e adolescentes que se encontravam abrigados naquela data, a saber:

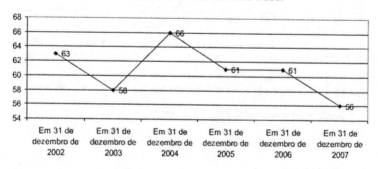

Gráfico 8 – Lajeado-RS – Número de abrigados no último dia dos anos de 2002 a 2007

Fonte: dados coletados pelo autor, 2007.

Ainda, durante o período de 2002 a 2007, registrou que 58,6% das crianças e dos adolescentes permaneceram abrigadas pelo prazo de até um ano nas entidades de abrigo. Confrontando com o Levantamento Nacional de Abrigos, em que a permanência neste período foi de 47,1%, percebe-se sensível melhora, indicando que, de certa forma, a medida foi utilizada, atentando-se para o seu caráter temporário. Evidentemente que tais dados não são confortadores, já que estão muito longe de um padrão esperado, especialmente diante de a idade de 46,4% dos abrigados ser inferior a 12 anos de idade, período de vida em que os laços afetivos com um adulto de referência se constitui como elemento fundamental à plena formação do indivíduo.

De registrar, no entanto, que a permanência mais longa nos abrigos está relacionada a diversos fatores, como a idade dos abrigados, a falta de manutenção e investimentos na preservação dos vínculos durante o período de abrigamento, principalmente logo após o seu ingresso, além das remotas possibilidades de colocação em família substituta das crianças com mais idade.

Gráfico 9 – Lajeado-RS – Tempo de abrigamento
nos anos de 2002 a 2007

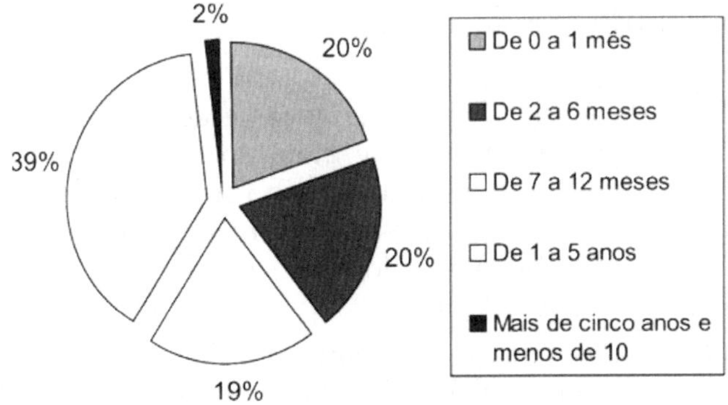

- De 0 a 1 mês
- De 2 a 6 meses
- De 7 a 12 meses
- De 1 a 5 anos
- Mais de cinco anos e menos de 10

Fonte: dados coletados pelo autor, 2007.

De outro lado, ao confrontar a inserção de crianças e adolescentes nos programas sociais – aqui considerados apenas aqueles serviços acessados fora das instituições – constatou-se que 41% dos abrigados não estavam inseridos em nenhum programa de atendimento, com exceção da frequência à escola regular. Como corolário da incompletude institucional, é necessário e fundamental enfrentar esse *déficit*, o que somente será alcançado se houver amplo diagnóstico das demandas e, a partir disso, serem incluídas nas políticas públicas ações como as previstas no Plano Nacional para a área.

Gráfico 10 – Lajeado-RS – Inserção dos abrigados em Programas Sociais, em 31/12/2007

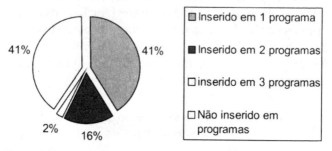

Fonte: dados coletados pelo autor, 2007.

Em relação aos 59% de crianças e adolescentes que estavam inseridos na rede de atendimento, percebeu-se que 27% desses eram atendidos pelo Programa Sentinela, o qual objetiva articular ações para o enfrentamento e combate à violência, abuso e exploração sexual contra crianças e adolescentes e suas famílias.

Os demais serviços referiam-se a aspectos personalíssimos de cada uma das crianças e adolescentes, inclusive em razão de suas condutas, como ocorre nos serviços prestados pelo PAMSEMA (execução de medida socioeducativa), AIJ (atendimento à drogadição e a sofrimento psiquiátrico), APAE (para atendimento de necessidades especiais) e ASEMA (atividades no turno inverso à escola), como demonstra o gráfico a seguir:

Gráfico 11 – Lajeado-RS – Espécies de Programas Sociais em que estão inseridos os abrigados, em 31/12/2007

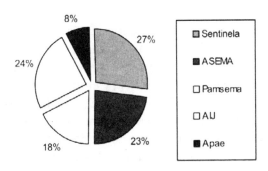

Fonte: dados coletados pelo autor, 2007.

Ao analisar os principais dados da abrigagem em Lajeado-RS, por certo não se tem pretensão de esgotar as possíveis leituras deles decorrentes, mas almeja-se afirmar que, muitas das ações realizadas e que, em alguns casos, significaram avanços, apontam no mesmo sentido daquelas ações previstas no Plano Nacional. De outro lado, também demonstram a necessidade de que algumas ações e programas sejam incorporadas às políticas públicas, ou, no mínimo, precisam ser aprimoradas para que possam gerar os resultados delas esperados.

3.3.3.2. Acolhimento familiar

Em relação à proposta da implantação de Programa de Acolhimento Familiar, o Plano Nacional caracteriza-o como um serviço que organiza o acolhimento, na residência de famílias acolhedoras, de crianças e adolescentes afastados da família de origem por força de medida de proteção, mediante a prévia seleção e capacitação de famílias e o estreito acompanhamento por equipe técnica.[224]

Em Lajeado-RS, no entanto, ainda não houve a implantação de programa desta natureza, motivo pelo qual a sua análise frente à previsão do Plano Nacional resta prejudicada.

No entanto, diante das experiências já concretizadas, tanto em nível internacional,[225] quanto em diversas cidades brasileiras, com destaque para as exitosas experiências das cidades do Rio de Janeiro-RJ, Campinas-SP, Franca-SP, Belo Horizonte-MG, São Bento do Sul-SC e Porto Alegre-RS,[226] torna-se possível tecer alguns comentários acerca desta alternativa de atendimento a crianças e adolescentes em situação de vulnerabilidade pessoal e social, sem que se tenha de lançar mão do abrigamento em uma instituição.

No âmbito legal, o ECA não previu, expressamente, esta modalidade de programa de atendimento dentre aqueles inseridos em seu art. 90, mas fez inserir recomendação aos Conselhos Municipais, Estaduais e Nacional dos Direitos da Criança e do Adolescente para aplicação, preferencial, de parte dos recursos arrecadados pelos respectivos Fundos em programas de incentivo ao "acolhimento, sob a forma de guarda, de criança ou adolescente órfãos ou abandonados" (art. 260, § 2º, do ECA). Em face deste vazio legal, o surgimento de programas de acolhimento

---

[224] FRANÇA, Marina. *Famílias acolhedoras: preservando a convivência familiar e comunitária*. São Paulo: Veras Editora, 2006.,

[225] Segundo Rizzini (2007, p. 60-61), "[...] Em outros países, como nos Estados Unidos, Inglaterra e França, a experiência surgiu desde o início do século XX como uma alternativa à institucionalização. [...] A experiência argentina também tem sido fonte de aprendizado."

[226] Rizzini (2007, 57-86), relata e sistematiza, detalhadamente, as experiências suso referidas.

familiar[227] fundamenta-se, invariavelmente, na aplicação analógica do art. 33, § 2º, do ECA, combinado com as disposições suprarreferidas.

Já a Política Nacional de Assistência Social inseriu este programa dentre os programas de Proteção Social Especial de Alta Complexidade,[228] bem como foi objeto de recente regulamentação pelo CNAS e pelo CONANDA.[229]

No que se refere às suas características fundamentais, por se tratar de medida que rompe com os vínculos familiares de origem, em muito pouco se diferencia da medida protetiva de abrigo (art. 101, VII, do ECA), motivo pelo qual deverá ser utilizada com a observância e com as mesmas cautelas aplicáveis a esta, como já analisado no item 2.4 supra.

Diferencia-se, entretanto, por manter uma estrutura de cuidado mais individualizada em relação à dispensada pela instituição, em que apenas a criança/adolescente deve se ajustar às normas do abrigo, enquanto na família acolhedora também esta precisa se ajustar ao acolhido, o que se traduz em ganho afetivo às crianças e aos adolescentes. Por este motivo, deve ser priorizada esta forma de acolhimento em detrimento ao abrigamento em instituição.[230]

Quanto a sua implantação, indispensável que o programa seja concebido e formatado levando em consideração diversas questões, desde a forma como se dará a mobilização da comunidade, quais serão os critérios para a seleção das famílias acolhedoras, se haverá ou não ressarcimento ou remuneração pelo período do acolhimento e, acima de tudo, como se fará a capacitação, orientação e permanente acompanhamento, por equipe multidiscipli-

---

[227] Os programas recebem, no Brasil, diversas denominações, tais como "família acolhedora", 'família de apoio", "família guardiã", "família hospedeira", entre outras.

[228] NOB/SUAS – Portaria MDS 444/05.

[229] ORIENTAÇÕES Técnicas, 2008.

[230] FRANÇA, 2006, p. 29.

O DIREITO À CONVIVÊNCIA FAMILIAR E COMUNITÁRIA   113

nar, de todos os envolvidos (família de origem – acolhido – família acolhedora), a fim de evitar possíveis desvirtuamentos de suas finalidades.

Também, o programa precisa estar em sintonia com os demais programas de apoio à família, especialmente diante da necessidade de se investir na superação das dificuldades da família de origem e que deram origem ao acolhimento familiar ou, se for o caso, na sua preparação para definitiva colocação em família substituta, já que não se pode perder de vista que se trata de programa excepcional, temporário e transitório.

Ainda, indispensável que o programa seja formatado de modo a se constituir em uma alternativa para permitir o resgate, mesmo que em caráter ainda precário, da convivência familiar e comunitária das crianças e dos adolescentes institucionalizados.

Diante da ainda persistente cultura da institucionalização da infância pobre brasileira, através da qual se imagina que a criança estará em melhores condições em uma instituição do que na família natural, deve-se atentar para que o programa de famílias acolhedoras não se constitua em uma forma de violação do direito à convivência familiar de crianças e adolescentes em situação de aparente vulnerabilidade pessoal ou social, tendo em vista que poderá ser tentadora a idéia de, para evitar o abrigamento em uma instituição, venha a se lançar mão do referido programa justamente por ele se fundamentar numa metodologia mais acolhedora e, portanto, menos traumática para a criança e o adolescente serem afastados do convívio com a família de origem.

Por isso que, ao se implementar programa desta espécie onde já existe programa de abrigamento, deve-se buscar a progressiva e concomitante substituição ou eliminação das vagas existentes nas entidades que executam tal programa. Para tanto, a par da implantação do programa em comento, deve-se incentivar as entidades que executam o programa de abrigo em se (re)adaptar para a execução de outros programas necessários na comunidade, ou, através de seu reordenamento institucional, possam oferecer, concomitante ao programa de abrigo, também o programa de acolhimento familiar, desde que haja clareza de objetivos e metodologias distintas para cada programa.

De qualquer sorte, trata-se de uma alternativa que deverá ser considerada em cada localidade por ocasião da formulação da política pública na área da tutela do direito à convivência familiar e comunitária.

3.3.4. Em relação à adoção

Segundo o Plano Nacional, a adoção deverá estar centrada no interesse da criança e do adolescente, a fim de que seja mudado o paradigma tradicional, segundo o qual a adoção tinha a finalidade precípua de dar filhos a quem não os tem.

Para Weber, enquanto milhares de crianças e adolescentes aguardam por uma família nas mais diversas instituições brasileiras, a maioria dos casais/pessoas habilitados preferem adotar recém-nascidos, numa tentativa de imitar a biologia e superar os preconceitos ainda existentes na sociedade.[231] Nesse aspecto, o Plano Nacional acompanha a tendência de conceber a adoção também como um direito de crianças e adolescentes que estão abrigados, tendente a resgatar o fundamental direito à convivência familiar e comunitária.

No caso de Lajeado-RS, a situação não é muito diferente daquela relatada nas pesquisas de Lidia Weber,[232] já que 91,1% dos pretendentes à adoção indicaram preferir crianças até um ano de idade, sendo que 57,8% admitiram adotar crianças até 2 anos de idade, situação que vem se

---

[231] WEBER, 2004, p. 57.
[232] WEBER, *loc. cit.*

alterado gradativamente. No entanto, a idade de todas as crianças/adolescentes aptos à adoção e que se encontravam abrigados em Lajeado situavam-se na faixa etária superior a sete anos de idade. No âmbito Estadual, apenas 2% das crianças aptas à adoção e que também se encontravam abrigadas possuíam até 1 ano de idade.[233]

Na linha do propugnado pelo Plano Nacional, a recente criação de um grupo de apoio à adoção em Lajeado vem contribuindo, ainda que de forma tênue e discreta, à alteração dessa situação. No entanto, tal iniciativa, mais uma vez, não surgiu como uma ação integrante da política pública da área da infância e juventude, mas sim, da iniciativa da Promotoria de Justiça da Infância e Juventude local, com apoio de outras instituições e profissionais voluntários e que, atualmente, já está se consolidando em um movimento autônomo e com objetivos próprios.

Porém somente essa ação, por certo, não será suficiente para reverter os preconceitos e estigmas que cercam o tema da adoção, mostrando-se indispensável que outras alternativas sejam pensadas para compatibilizar a legítima pretensão dos adotantes e o direito das crianças e adolescentes em serem criados e educados no seio de uma família, especialmente aquelas que ainda se encontram abrigadas em uma instituição.

Para tanto, as propostas do Plano Nacional precisam ser encampadas pelo gestor municipal, sejam aquelas que demandam a estruturação de serviços de apoio a gestante, mãe ou família que manifestam desejo de entregar seus filhos para a adoção, ou de serviços de busca ativa de famílias para crianças e adolescentes tradicionalmente preteridos à adoção (afrodescendentes, grupos de irmãos, portadores de necessidades especiais ou com necessidades específicas de saúde), ou ainda, que demandam o aprimoramento da frágil articulação existente entre os sistemas de proteção

---

[233] RIO GRANDE DO SUL. Tribunal de Justiça. Cadastro de Adoção. Disponível em: <http://www.tj.rs.gov.br/jij_sites/jij>. Acesso em: 10 jan. 2008

e de garantia de direitos, bem como a ampliação do fluxo de informações e sensibilização da sociedade em relação à adoção, reduzindo o preconceito ainda existente.

3.3.5. *Em relação ao controle social*

Na mesma linha do determinado pela Carta da República, o Plano Nacional incorpora as noções de democracia participativa ao referendar a necessidade de efetivo controle social dos atos do Estado, o que deve se dar com a legítima ocupação dos espaços democráticos já assegurados (Conselhos Setoriais e de Direitos e Conferência), a fim de influir na definição das políticas públicas na área da infância e juventude.

Como já referido nos itens anteriores desse Capítulo, a participação popular restou assegurada como um dos princípios fundantes do Estado Democrático de Direito e acolhido com uma das diretrizes da política de atendimento infanto-juvenil pelo ECA.

Assim, a elaboração das políticas públicas deve ser precedida de ampla participação da população, o que poderá se dar através das conferências setoriais da assistência social, saúde e educação, dentre outras e, especialmente, daquela relativa a área da infância e juventude. Além disso, também deverá ser incentivada e ampliada a participação da comunidade não somente nos espaços democraticamente já conquistados, mas também na própria fiscalização da aplicação dos recursos públicos, bem assim das entidades e programas de atendimento.

No que se refere ao direito à convivência familiar e comunitária, em âmbito local, a participação da sociedade passou a ser provocada a partir da realização, nos últimos anos, de seminários temáticos, campanhas de mobilização em favor de programas alternativos à convivência comunitária (como o Programa de Apadrinhamento Afetivo) e

---

O DIREITO À CONVIVÊNCIA FAMILIAR E COMUNITÁRIA **117**

chamamento para a revitalização das entidades que executam programa de abrigamento, dentre outras atividades.

Após a superação das naturais resistências corporativas existentes, bem como contando com a intervenção de outros atores sociais no cenário da abrigagem, desde aqueles órgãos incumbidos legalmente de exercer estreita fiscalização e que não estavam ocupando seus devidos espaços, até de indivíduos sensibilizados com a temática, foi possível incorporar esta temática nas discussões e deliberações dos fóruns democraticamente concebidos para atuar na área, como nos Conselhos de Direitos e de Assistência Social. Com isso, o próprio gestor municipal passou a atuar mais na área, em que pese muito mais compelido pelas demandas individuais do que exercendo sua missão de formulador e executor das políticas públicas na área.

No entanto, a temática da participação da cidadania na gestão pública somente se dará, de forma efetiva, se houver a compreensão sobre a importância da tutela dos direitos conquistados, sob pena de não serem superados os desafios que ainda permeiam a questão.

Considerações finais

Através do estudo da história social e jurídica da criança e do adolescente no Brasil, ao longo desses quinhentos anos, foi possível identificar o quanto a segregação da infância pobre em instituições se constituiu em uma estratégia de controle político e social sobre as camadas populares da nossa sociedade.

Essa prática cunhou uma cultura da institucionalização de crianças e adolescentes, principalmente destinada aos filhos de famílias pobres e que hoje ainda se faz presente no imaginário coletivo, mesmo diante de significativas mudanças na legislação brasileira, especialmente após o advento da Carta Política de 1988.

O caráter fundamental do direito à convivência familiar e comunitária não se justifica apenas porque assim foi cunhado no Texto Constitucional (art. 227, CF/88), mas sim porque se traduz como imprescindível para a própria viabilidade da vida humana em seu sentido mais amplo, além de decorrer do reconhecimento de que crianças e adolescentes encontram-se em uma peculiar condição de desenvolvimento físico, mental, moral, espiritual e social e, em face disso, necessitam ser criados e educados em uma família, entendida como o grupo capaz de proteger e sociabilizar suas crianças e jovens e como espaço fértil para o estabelecimento dos primeiros vínculos afetivos, através dos quais as demais relações culturais e sociais serão formadas e concretizadas.

Dentro desta perspectiva, a normativa brasileira vigente é muito clara quanto a preferência que fez pela família como *locus* de cuidado e educação das crianças e dos adolescentes e, numa escala valorativa, estabeleceu que a família natural somente poderá ser excepcionalizada diante da grave ameaça ou violação dos demais direitos fundamentais de seus filhos e, quando isso se verificar, fixou que a colocação em família substituta deverá levar em consideração o grau de parentesco, os laços de afinidade e de afetividade, reservando à adoção internacional caráter de maior excepcionalidade. Ainda, somente após esgotadas todas estas possibilidades é que a legislação de regência autoriza a institucionalização de crianças e adolescentes e, mesmo assim, estabeleceu que deve ser temporária e transitória, sempre focada na busca do restabelecimento dos vínculos familiares, seja através do retorno à família natural, seja pela sua colocação em família substituta.

No entanto, estas regras nem sempre são atendidas e, com isso, o direito à convivência familiar e comunitária resta afrontado, o que se percebe face ao elevado número de crianças e adolescentes ainda institucionalizados nas mais diversas entidades de abrigo brasileiras, além do fato de 58,6% das entidades de abrigo hoje existentes terem sido criadas após a vigência do ECA.[234]

Neste mesmo sentido, paradoxalmente, muitas destas crianças e adolescentes mantém frequentes vínculos com suas famílias de origens ou ampliadas, revelando que esta alternativa de cuidado dirigida à infância pobre continua a fazer parte da estrutura de atendimento, apesar da normativa pós-constitucional estabelecer que se deva priorizar a implantação de ações com ênfase na promoção das políticas sociais básicas – de caráter universal – e de assistência so-

---

[234] IPEA/DISOC, 2003.

cial – apenas para quem dela necessitar – e, somente após, a implantação de programas de proteção especial (como os programas de abrigo), estes restritos às situações de graves ameaças ou violações de direitos.

Desta forma, constata-se que, apesar da importância para o pleno desenvolvimento da criança e do adolescente, o direito à convivência familiar e comunitária ainda não foi incorporado, integralmente, no âmbito das políticas públicas voltadas à infância e à juventude e, para que isso ocorra, torna-se imprescindível que o Estado assuma o seu papel de indutor e regulador do desenvolvimento social, com radicalidade democrática e viés absolutamente inclusivo, competindo à sociedade civil ocupar não apenas os espaços democraticamente conquistados, mas sim influir, participar e fiscalizar da deliberação, elaboração e execução das políticas públicas em cada área, buscando, em última análise, o pleno exercício da cidadania.

No entanto, numa tentativa de recuperar o tempo perdido, somente em meados de 2003 é que o Brasil passou a contar com um amplo diagnóstico da situação envolvendo a privação do direito à convivência familiar e comunitária, a partir do qual, em final de 2006, foi apresentado à Nação brasileira um Plano Nacional para o resgate deste importante direito. Mas, será que este não será mais um daqueles planos nacionais concebidos à distância para o enfrentamento de um problema local? Qual a segurança de que suas propostas são, efetivamente, adequadas e pertinentes para a superação dos *deficits* já diagnosticados?

Com o objetivo de apontar caminhos para estas e outras questões que, com o presente trabalho, procuraram confrontar as diretrizes previstas no referido Plano Nacional – que nada mais são do que os eixos operacionais de atuação de uma política pública – com a realidade local vivenciada nos últimos anos e, com isso, possibilitar a tomada de decisões mais seguras e firmes, já que não se pode mais postergar o enfrentamento desta problemática.

Assim, ao analisar as ações até aqui realizadas na cidade de Lajeado-RS, tanto aquelas com resultados promissores, quanto aquelas que precisam ser ajustadas ou implementadas, foi possível constatar que as propostas previstas no Plano Nacional, tendo por base as suas diretrizes, são pertinentes e adequadas para a superação das dificuldades diagnosticadas na questão da abrigagem, inclusive são indutoras para a replicação em outros locais que ainda não desencadearam ações nesta área.

Além das experiências relatadas, imprescindível a incorporação de experiências já implementadas, com sucesso, em outras localidades brasileiras, como o Programa de Famílias Acolhedoras, que se mostra fundamental para a mudança de paradigma afetivo no acolhimento de crianças e adolescentes em situação de vulnerabilidade pessoal ou social.

Ademais, mostrou-se que é imprescindível que as propostas do Plano Nacional sejam efetivamente incorporadas às políticas públicas locais, não apenas no plano formal, mas com ações concretas e permanentes, contando com o envolvimento das entidades que executam programas de abrigamento e de todos os demais organismos públicos e comunitários com atuação na área.

Neste sentido, o gestor municipal, frente à municipalização da política pública de atendimento à infância e à juventude introduzida pelo Texto Constitucional e ECA, deve chamar para si a responsabilidade indeclinável de indutor das transformações sociais e, com a efetiva participação da cidadania e das organizações sociais que atuam nesta área, passe a incorporar as diretrizes do Plano Nacional nas ações e propostas integrantes das políticas públicas locais, de modo a promover, proteger e defender o fundamental direito à convivência familiar e comunitária, especialmente resgatando-o para aquelas crianças e adolescentes que ainda permanecem vivendo em instituições de abrigo e longe de um núcleo familiar.

Desta forma, até mesmo antes do período previsto no Plano Nacional (que vai até 2015), a triste realidade de milhares de crianças e adolescentes brasileiras que se encontram em entidades de abrigo terá importância meramente histórica e, para os casos em se faça necessário lançar mão desta medida, que se cumpram, efetivamente, as determinações previstas na legislação, optando-se sempre por aquelas medidas que promovam e fortaleçam os vínculos da criança e do adolescente com uma família.

Derradeiramente, fica a convicção de que é possível transformar a realidade social a partir da conciliação entre conhecimento teórico com o aprendizado prático, esse adquirido a partir de amplo diagnóstico da realidade sobre a qual se está inserido e com a disposição de intervir de forma crítica, realista e sem eufemismos sobre o fenômeno social, reconhecendo e respeitando a capacidade de organização e participação da comunidade, pressupostos para as transformações necessárias, a fim de que sejam materializadas as conquistas alcançadas pela humanidade, propiciando melhores condições de vida e futuro para todas as crianças e adolescentes.

Como já se disse, LUGAR DE CRIANÇA E ADOLESCENTE É EM FAMÍLIA!

Referências

ABREU, Martha; MARTINEZ, Alessandra Frota. *Olhares sobre a criança no Brasil: perspectivas históricas*. In: RIZZINI, Irene (Org.). Olhares sobre a criança no Brasil: século XIX e XX. Rio de Janeiro: AMAIS, 1997.

ARIÈS, Philippe. *História social da criança e da família*. Tradução de Dora Flaksmann. 2. ed. Rio de Janeiro: LTC, 1981.

AZAMBUJA, Maria Regina Fay de. *Violência sexual intrafamiliar: é possível proteger a criança?* Porto Alegre: Livraria do Advogado, 2004.

BECKER, Maria Josefina. *A ruptura dos vínculos: quando a tragédia acontece*. In: KALONSTIAN, Sílvio Manong (org). Família brasileira, a base de tudo. São Paulo: Cortez, 1994.

_____. In: CURY, Munir (coord). Estatuto da Criança e do Adolescente Comentado: comentários jurídicos e sociais. 5. ed. São Paulo: Malheiros, 2002.

BOBBIO, Norberto. *A Era dos Direitos*. 5ª. Reimp. Tradução de Carlos Nelson Coutinho. Rio de Janeiro: Elsevier, 2004.

_____. *Estado, Governo e Sociedade*: Para uma teoria geral da política. 13. ed. São Paulo. Paz e Terra, 2007.

_____. *Liberalismo e Democracia*. Tradução de Marco Aurélio Nogueira. São Paulo: Brasiliense, 2005.

BRASIL. Constituição (1998). *Constituição da República Federativa do Brasil*. Brasília, DF: Senado Federal, 1988.

_____. Lei 8.069, de 13 de julho de 1990. *Estatuto da Criança e do Adolescente*. 13ª ed. São Paulo: Saraiva, 2003.

_____. Ministério do Desenvolvimento Social e Combate à Fome. Secretaria Nacional de Assistência Social. Departamento de Proteção Social Especial. *Orientações Técnicas: Serviço de Acolhimento para Crianças e Adolescentes*. Brasília: fev. de 2008. Disponível em <http://www.presidencia.gov.br/estrutura_presidencia/sedh/.arquivos/pncfc.pdf >, acesso em 20 dez. de 2007.

_____. Resolução n° 130, de 15 de julho de 2005. Conselho Nacional de Assistência Social. Norma Operacional Básica-SUAS. Brasília, DF: jul. 2005.

_____. Resolução n° 145, de 15 de outubro de 2004. Conselho Nacional de Assistência Social. Política Nacional de Assistência. Brasília, DF: nov. 2004.

——. Resolução Conjunta n° 01, de 13 de dezembro de 2006. Conselho Nacional dos Direitos das Crianças e dos Adolescentes/ Conselho Nacional de Assistência Social. Brasília, DF: nov. 2006.

BRUNO, Denise Duarte (org). *Infância em família*: um compromisso de todos. Porto Alegre: Instituto Brasileiro de Direito de Família, 2004.

BUCCI, Maria Paula Dallari. As políticas públicas e o Direito Administrativo. *Revista Trimestral de Direito Público*. São Paulo: Malheiros, n.13, 1996.

——. Direito administrativo e políticas públicas. São Paulo: Saraiva, 2002.

BULCÃO, Irene. *A produção de infâncias desiguais*: uma viagem na gênese dos conceitos 'criança' e 'menor'. In. NASCIMENTO, M.L. (org). Pivetes: a produção de infâncias desiguais. Niterói: Intertexto, 2002.

CANOTILHO, J. J. Gomes. *Direito Constitucional*. 6ª. ed. Coimbra: Almedina, 1993.

CARAVANA da Comissão de Direitos Humanos da Câmara dos Deputados por 08 Estados. Correio Braziliense, Brasília, 09 jan. 2002. Caderno "Órfãos do Brasil".

CHAVES, Antônio. *Comentários ao Estatuto da Criança e do Adolescente*. 2ª. ed. São Paulo: LTr, 1997.

COMPARATO, Fábio Konder. *Ensaios sobre o Juízo das constitucionalidades das políticas públicas*. In: MELLO, Celso Bandeira de. (Org.) Estudos em Homenagem a Geraldo Ataliba. São Paulo: Malheiros, 1997, v. 2.

——. *A afirmação histórica dos direitos humanos*. São Paulo: Saraiva, 1999.

CONVENÇÃO sobre os Direitos da Criança das Nações Unidas. Assembléia Geral das Nações Unidas: 20 de nov. de 1989.

CORAZZA, Sandra Mara. *História da infância sem fim*. Ijui: Editora Unijui, 2000.

COSTA, Antônio Carlos Gomes da. *A especificação dos regimes de atendimento* – perspectivas e desafios. Lagoa Santa: Modus Faciendi, 2003.

——. *De menor a cidadão*: notas para uma história do novo direito da infância e da juventude no Brasil. Brasília: CBIA, s.d.

——. *É possível mudar*. São Paulo: Ed. Malheiros, 1993.

COSTA, Bruno Lazzarotti Dinis. *As mudanças na agenda das políticas sociais no Brasil e os desafios da inovação*. In: CARVALHO, Alysson e Outros (org). Políticas Públicas. Belo Horizonte: Ed. UFMG, 2003.

CRUZ, Lilian Rodrigues da. *(Des)Articulando as Políticas Públicas no Campo da Infância*: Implicações da abrigagem. Santa Cruz do Sul: Edunisc, 2006.

CURY, Munir (coord). *Estatuto da criança e do adolescente comentado*: Comentários jurídicos e socials. 5.ed. São Paulo: Malheiros, 2002.

DALLARI, Dalmo de Abreu. *O Estatuto da Criança e do Adolescente*: comentários. São Paulo: Malheiros, 1992.

DECLARAÇÃO Universal dos Direitos das Crianças – UNICEF. 20 de Nov. de 1959,

DECLARAÇÃO Universal dos Direitos Humanos. Assembléia Geral das Nações Unidas. 10 de dez. 1948.

DEMO, Pedro. *Cidadania tutelada e cidadania assistida*. Campinas: Autores Associados, 1995.

———. *Elementos metodológicos da pesquisa participante*. In: BRANDÃO, Carlos Rodrigues. Repensando a Pesquisa Participante. 2. ed. São Paulo: Brasiliense, 1985.

———. *Política social, educação e cidadania*. Campinas: Papirus, 1996.

FACHINETTO, Neidemar José. *Medida Protetiva de Abrigo*: análise dialética e sua transformação social. Porto Alegre: FESMP, 2004. Monografia (Programa de Pós-graduação em Direito da Criança e Adolescente) – Fundação Escola Superior do Ministério Público, 2004.

FONSECA, Cláudia. *Caminhos da Adoção*. 3 ed. São Paulo: Cortez Editora, 2006.

———. *Família, fofoca e honra*: etnografia de relações de gênero e violência em grupos populares. Porto Alegre: Editora UFRGS, 2000.

FOUCAULT, Michel. *Microfísica do poder*. Organização e tradução de Roberto Machado. 14. ed. São Paulo: Graal,1999.

———. *Vigiar e punir*. A história das violências nas prisões. Tradução de Raquel Ramalhete. Petrópolis. Vozes, 1987.

FRANÇA, Marina. *Famílias acolhedoras*: preservando a convivência familiar e comunitária. São Paulo: Veras Editora, 2006.

GENRO, Tarso. *Cidade, Cidadania e Orçamento Participativo*. In: FACHI, Roberto Costa e CHANLAT, Alain. Governo Municipal na América Latina. Porto Alegre: Sulina/UFRGS, 1998.

HUPPES, Ivana. *O direito fundamental à convivência familiar*. Porto Alegre: FESMP, 2004. Monografia (Programa de Pós-Graduação em Direito Comunitário) – Fundação Escola Superior do Ministério Público do Rio Grande do Sul, 2004.

IPEA/DISOC. Levantamento Nacional dos Abrigos para Crianças e Adolescentes da Rede de Serviço de Ação Continuada (SAC). Relatório de Pesquisa n° 1. Brasília, outubro de 2003. (não publicado)

JESUS, Ivanise Jann de. *Criança maltratada: retorno à família ou a institucionalização?* Um estudo exploratório em Santa Maria. Monografia (Curso de Pós-Graduação em Direito Comunitário: infância e juventude) – Fundação Escola Superior do Ministério Público do Rio Grande do Sul, 2003.

LAJEADO. Prefeitura Municipal de Lajeado. Disponível em: <http://www.lajeado-rs.com.br/indexbdl.html>. Acesso em: 15 jan. 2007.

LANCETTI, Antônio. *Adoção e a cidade* – os ensinamentos. In: FERREIRA, Márcia Regina Porto; CARVALHO, Sônia Regina (orgs.). 1° guia de adoção – novos caminhos, dificuldades e possíveis soluções. São Paulo: Ed. Wenners Editorial, 2003.

LEAL, Rogério Gesta. *Estado, Administração Pública e Sociedade*: Novos paradigmas. Porto Alegre: Livraria do Advogado, 2006.

LIBERATI, Wilson Donizeti. *Adoção internacional: Verdades e Mitos*. Cadernos de Direito da Criança e do Adolescente. Brasília: ABMP, 1995. v. 1.

———. *Adolescente e ato infracional* – medida sócio-educativa é pena? São Paulo: Juarez de Oliveira, 2004.

———. *O Estatuto da Criança e do Adolescente* – comentários. Brasília: IBPS, 1991.

MACHADO, Marta de Toledo. *A proteção constitucional da criança e adolescentes e os direitos humanos*. Rio de Janeiro: Manole, 2003.

MACIEL, Katia R. F. L. A (Coord.). *Curso de Direito da Criança e do Adolescente*: Aspectos teóricos e práticos. 2.ed. Rio de Janeiro: IBDFAM, 2007.

MARCHESAN, Ana Maria Moreira. O princípio da prioridade absoluta aos direitos da criança e adolescente e a discricionariedade administrativa. *Revista do Ministério Público*, Porto Alegre, n. 44, 2001.

MASSA-ARZABE, Patrícia Helene. *Dimensão Jurídica das Políticas Públicas*. In: BUCCI, Maria Paula Dallari (Org.). Políticas Públicas – reflexões sobre o conceito jurídico. São Paulo: Saraiva, 2006.

MAXIMILIANO, Carlos. *Hermenêutica e Aplicação do Direito*. 15. ed. Rio de Janeiro: Forense, 1995.

MÈNDEZ, Emilio Garcia. *Infância e cidadania na América Latina*. Tradução de Angela Maria Tijiwa. São Paulo: Ilucitec/Instituto Airton Senna, 1998.

———. *Cadernos de Direito da Criança e do Adolescente*. Brasília: ABMP, 1997. v. 2.

NOGUEIRA, Paulo Lúcio. *Comentários ao código de menores*. São Paulo: Saraiva, 1988.

NOGUEIRA FILHO, Paulo. *Sangue, corrupção e vergonha*. Rio de Janeiro: SAM, 1956.

OLIVEIRA, Maria Aparecida Domingues. A neuro-psico-sociologia do abandono – maus tratos familiares. In: AZAMBUJA, M. R.; SILVEIRA, M. V.; BRUNO, D. D. (Orgs.). Infância em família: um compromisso de todos. Porto Alegre: IBDFAM, 2004.

PAIZZA, Clodoveo. *Comentários ao art. 19 do ECA*. In: CURY, Munir. *et al*. Estatuto da Criança e do Adolescente comentado: Comentários jurídicos e sociais. 2. ed. São Paulo: Malheiros, 1996.

PAULA, Paulo Afonso Garrido de. Direito da criança e do adolescente e tutela jurisdicional diferenciada. São Paulo: RT, 2002.

PEREIRA, Potyara A. P.; CUNHA, Edite da Penha.; e outros. *Políticas Públicas*. Belo Horizonte: Ed. UFMG, 2003.

PESQUISA Nacional Conhecendo a Realidade, Disponível em: <http://www.presidencia.gov.br/estrutura_presidencia/sedh/spdca/sgd/pro_conselho/Pesquisas_MSE>. Acesso em: 18 jan. 2008.

PORTO, Pedro Rui da Fontoura. *Direitos Fundamentais Sociais*. Consideração acerca da legitimidade política e processual do Ministério Público e do sistema de justiça para sua tutela. Porto Alegre: Livraria do Advogado, 2006.

PRESIDÊNCIA da República. Secretaria Especial dos Direitos Humanos. Ministério do Desenvolvimento Social e Combate à Fome. *Plano Nacional de Promoção, Proteção e Defesa do Direito de Crianças e Adolescentes à Convivência Familiar e Comunitária*. Brasília: dezembro de 2006.

PROJETO diagnosticando a realidade das crianças e adolescentes em situação de abrigo – Lajeado, RS. Disponível em <http://www.mp.rs.gov.br/infancia/pgn/ id291.htm>. Acesso em: 15 jan. 2008.

PROJETOS de Lei e Outras Proposições. Disponível em: <http://www2.camara.gov. br/proposicoes>. Acesso em: 10 jan. 2008.

RAMOS, Fabio Pestana. A *história trágico-marítima das crianças nas embarcações portuguesas do século XVI*. In: DEL PRIORE, Mary (org.). História das crianças no Brasil. São Paulo : Contexto, 1999.

RIBEIRO, Darcy, *O povo brasileiro, a formação e o sentido do Brasil* . 2. ed. São Paulo: Companhia das Letras, 1997.

RIO GRANDE DO SUL. Fundação de Proteção Especial. Dados estatísticos. Disp. em: < http://www.fpe.rs.gov.br/portal/index.php?menu=secretaria&subit em=3>. Acesso em: 10 ago. 2008.

——. Programa de Execução de Medidas Socioeducativas de internação e Semiliberdade – PEMSEIS. Porto Alegre, 2002.

——. Tribunal de Justiça. Juizado da Infância e Juventude. *Cadastro de Adoções*. Disponível em <http://www.tj.rs.gov.br/jij_sites/jij>. Acesso em: 10 jan. 2008

——. Ministério Público. *Estatuto da criança e do adolescente e legislação pertinente.* rev. ampl. Porto Alegre: CAOInfância, Procuradoria-Geral de Justiça, 2007.

RIZZINI, Irene. *A criança e a Lei no Brasil*: Revisando a história (1822-2000). Rio de Janeiro: Edusu, 2002.

—— (coord). *Acolhendo Criança e Adolescentes*. Experiências de Promoção do Direito à Convivência Familiar e Comunitária no Brasil. 2ª ed. São Paulo: Cortez Editora; Brasília, DF: UNICEF; CIESPI; Rio de Janeiro-RJ: PUC-RIO, 2007.

——. *O Século Perdido*. Raízes históricas das políticas públicas para a infância no Brasil. 2ª ed. rev. São Paulo: Cortez, 2008,

——; PILOTTI, Francisco (org.). *Arte de governar crianças* – a história das políticas sociais, da legislação e da assistência no Brasil. Rio de Janeiro: Edusu/Amais, 1995.

——; RIZZINI, Irma. A institucionalização de crianças no Brasil, percurso histórico e desafios do presente. Rio de Janeiro: PUC-Rio, 2004.

SANTOS, Boaventura de Sousa. *Reivindicar a democracia*: Entre o pré-contratualismo e o pós-contratualismo. In. OLIVEIRA, Francisco de & PAOLI, Maria Célia. Os sentidos da democracia. Petrópolis-RJ: Vozes, 1999

SANTOS, Milton. *A urbanização brasileira*. São Paulo: Editora Hucitec, 1993.

SARAIVA, João Batista da Costa. *Desconstituindo o mito da impunidade*: um ensaio de Direito Penal Juvenil. Santo Ângelo-RS: Ed. Cededica, 2002

——. *Adolescente em Conflito com a Lei*: da indiferença à proteção integral. Porto Alegre: Livraria do Advogado, 2003.

SÊDA, Edson. In: CURY, Munir (coord). *Estatuto da criança e do adolescente comentado*: Comentários jurídicos e sociais. 5.ed. São Paulo: Malheiros, 2002.

SILVA, Afonso José. *Curso de Direito Constitucional Positivo*. 3ª ed. São Paulo: Malheiros,1993.

SILVA, E. R. A.; MELLO, S. G. *Contextualizando o Levantamento Nacional dos Abrigos para Crianças e Adolescentes da Rede de Serviços de Ação Continuada*. In: SILVA, Enid Rocha Andrade da. (Coord). O direito à convivência familiar e comunitária: os abrigos para crianças e adolescentes no Brasil. Brasília: IPEA/CONANDA, 2004.

TRINDADE, Jorge. *Compêndio de Delinqüência juvenil*: uma abordagem transdisciplinar. 3. ed. Porto Alegre: Livraria do Advogado, 2002.

VERONESE, Joseane Rose Petry. *Os direitos da criança e do adolescente*. São Paulo: Editora LTR, 1999.

———; COSTA, Marli Marlene Moraes da. *Violência doméstica: Quando a vítima é criança ou adolescente* – uma leitura interdisciplinar. Florianópolis: OAB/SC Editora, 2006.

VIEIRA, Liszt. *Cidadania e globalização*. Rio de Janeiro: Record, 1997.

WEBER, Lidia Natália Dobrianskyj. *Laços de Ternura*: pesquisas e histórias de adoção. Curitiba: Juruá News, 2004.

WINNICOTT, Donald W. *A família e o desenvolvimento individual*. Tradução de. Marcelo Brandão Cipolla. São Paulo: Martins Fontes, 2001.

———. *Privação e Delinqüência*. Tradução de Álvaro Cabral. São Paulo: Martins Fontes, 2002.

———. *Tudo começa em casa*. Tradução de Paulo Sandler. São Paulo: Martins Fontes, 1999.

ZAVASCHI, Maria Lucrécia Scherer. *A Criança Necessita de uma Família*. In: AZAMBUJA, M. R. F.; SILVEIRA, M. V.; BRUNO, D. D. (orgs.). Infância em família: um compromisso de todos. Porto Alegre: IBDFAM, 2004.

Anexos

I – Minuta do Termo de Ajustamento de Conduta

Que fazem o Ministério Público, pelo Promotor de Justiça da Infância e Juventude, Dr. XXXXX, e o XXXXX – representado pelo Sr. XXXXX, doravante denominado COMPROMITENTE, nos autos do Inquérito Civil n° XXXXX, instaurado em XX de XXXXX de XXXX,

Considerando que:

1. a Lei 8069/90-Estatuto da Criança e do Adolescente, estabeleceu o princípio da proteção integral a crianças e adolescentes, assegurando-lhes todas as oportunidades e facilidades, a fim de lhes facultar o desenvolvimento físico, mental, moral e social, em face da condições peculiar de pessoa em desenvolvimento;

2. o abrigamento "é medida provisória e excepcional, utilizável como forma de transição para a colocação em família substituta", de acordo com o art. 101, § único do Estatuto da Criança e do Adolescente;

3. a entidade deve garantir atendimento e acompanhamento multidisciplinar por profissionais capacitados nas áreas pedagógicas, psicológicas, de assistência social, nutrição, entre outras, além de pessoal de apoio suficiente para o número de abrigados;

4. é função institucional do Ministério Público zelar pelos direitos e garantias assegurados na Constituição Federal, notadamente no art. 227, " caput", e no art. 4º do Estatuto da Criança e do Adolescente, consoante art. 201, VII do ECA, promovendo as medidas necessárias à sua efetiva garantia (art. 129 , II, da CF/88 e art. 201, VII, ECA);

5. restou esclarecido nos autos que a entidade compromitente presta atendimento a XX crianças e XX adolescentes, em sistema de abrigamento, atendidas em alojamentos semi-individuais, em situação de vulnerabilidade social, apresentado carências na área de recursos humanos, principalmente de técnicos nas áreas social, em que pese contar com alguns profissionais voluntários, com atuação regular e permanente e em jornada mínima compatível com o número de crianças e adolescentes abrigados, bem como carece de programas para a preservação e/ou reinserção familiar e preparação para desligamento de adolescentes, em desacordo com as premissas fixadas no art. 92, I a IX;

RESOLVEM celebrar o presente TERMO DE AJUSTAMENTO DE CONDUTA, com base no que dispõe o art. 211 do Estatuto da Criança e Adolescente, com as seguintes cláusulas:

O DIREITO À CONVIVÊNCIA FAMILIAR E COMUNITÁRIA

Cláusula 1ª A entidade compromitente se compromete:

1- No prazo de 120 dias, providenciar a contratação/regularização, mesmo através de Termo de Voluntariado, dos profissionais técnicos abaixo discriminados, conforme a seguir:

01 assistente social, em regime mínimo de 12 (doze) horas semanais;

01 psicólogo ou psico-pedagogo, em regime mínimo de 8(oito) horas semanais;

01 recreacionista/terapeuta ocupacional, em regime mínimo de 8(oito) horas semanais;

01 nutricionista, em regime mínimo de 4 (oito) horas semanais;

03 professores, sendo dois para reforço escolar e outro para prática de atividades de educação física.

Cláusula 2ª Em relação aos profissionais auxiliares, como coordenador, cozinheiras, faxineiras, monitoras da noite e outros – a compromitente compromete-se:

1- Contratar pessoas de ilibada conduta moral e social, sanidade física e mental, capaz de oferecer ambiente adequado ao encargo que irá ocupar, atendendo-se ao que dispõe o art. 91, § ú, 'd', do ECA.

2- As/Os candidatas(os) a exercício destas atividades, bem como aqueles que já exercem tais atividades, deverão ser submetidas/os à avaliação psicológica e social prévia, realizados pelo quadro técnico-profissional da própria instituição e, enquanto não efetivado o corpo técnico da entidade, pelo Serviço Social Judiciário ou mediante convênio com a Poder Público Municipal.

Cláusula 3ª Deverá o abrigo seguir os princípios previstos no Estatuto da Criança e do Adolescente, em especial os elencados no art. 92, após efetivado o corpo técnico permanente e, no prazo de 120 dias, implementar e manter os seguintes programas permanentes, devidamente acompanhados por profissionais da área:

I – preservação dos vínculos familiares;

II – integração em família substituta, quando esgotados os recursos de manutenção na família de origem, sempre mediante prévia autorização judicial;

VIII – preparação gradativa para o desligamento através de:

1 – aproximação, preservação e reinserção dos abrigados na família de origem;

2 – encaminhamento de adolescentes a programas profissionalizantes e de estágio oferecidos pelo poder público ou privados.

IX – participação de pessoas da comunidade no processo educativo, através de Termo de Voluntariado, em complemento aos serviços realizados pelos profissionais arrolados na cláusula 1º, ligados a entidades ou ONGs de reconhecida atuação na área da infância e juventude;

Cláusula 4ª O Abrigo será administrado por Diretor/Coordenador indicado pela Direção da Entidade e que será equiparado ao guardião, para todos os efeitos de direito, conforme prevê o art. 92, parágrafo único, do Estatuto da Criança e do Adolescente;

Cláusula 5ª O não cumprimento das obrigações assumidas importará no pagamento de multa diária no valor de 50% do salário mínimo por dia de atraso, de forma solidária entre a entidade e seu representante, e será revertido ao Fundo Municipal da Infância e Juventude de XXXXXXX.

Nada mais havendo, vai o presente Termo assinado, na presente data.

_____, ___/ ___/ ___.

_____
Promotor de Justiça.Presidente da entidade XXXXX

II – Minuta de Proposta Pedagógica do Programa de Abrigo

> "... a infância não existe em função da juventude, da vida adulta ou da maturidade (...). A vida não existe em função de nenhuma etapa, idade ou período: a vida deve ser plena em todo tempo. O tempo pleno é o tempo presente."
>
> *Redin*

1 IDENTIFICAÇÃO DA INSTITUIÇÃO

xxxxxxxxxxxxx

2 INTRODUÇÃO

A proposta pedagógica do Programa de Abrigo do XxxxxxXxxxxxxxx compreende a organização do trabalho da instituição de duas formas: a organização da instituição como um todo e a organização das casas – lares, inseridas no contexto social e histórico.

3 JUSTIFICATIVA

O programa de abrigo é uma medida de proteção de acordo com o artigo 99 do Estatuto da Criança e do Adolescente – ECA, Lei Federal Nº 8069/90, voltado ao atendimento de crianças e adolescentes que tenham os seus direitos ameaçados ou violados. Se constitui em uma medida de caráter excepcional e provisório que visa esgotar todas as possibilidades de reintegração familiar.

O parágrafo único deste artigo descreve o abrigo como: "medida provisória e excepcional, utilizável como forma de transição para colocação em família substituta, não implicando de privação de liberdade."

4 CONCEPÇÕES NORTEADORAS

Tendo como referencial o ECA, entende-se que a criança necessita e tem o direito de participar de uma família na qual ela possa sentir-se segura, recebendo afeto e orientação adequada ao seu processo de desenvolvimento. Basicamente é na família que a criança passa pelas primeiras experiências de contato com o mundo. As primeiras impressões ficam registradas, fornecendo base para o crescimento até a fase adulta. Um processo de desenvolvimento adequado gera um adulto íntegro, capaz de sentir prazer pela vida, ser independente e enfrentar os conflitos de forma produtiva.

Assim, todo trabalho desenvolvido na instituição deverá priorizar o direito da criança de conviver em um ambiente que possa oferecer condições adequadas ao seu desenvolvimento integral. Logo, para crianças provindas de famílias desintegradas e institucionalizadas é imprescindível que as cuidadoras exerçam a função materna e paterna, o que favorece o restabelecimento dos vínculos desta criança tornando possível a reorientação do seu processo de desenvolvimento.

" Na família ocorre um fenômeno que em psicologia se chama função materna e função paterna. Como é 'função', pode existir tanto no homem como na mulher. A mãe pode exercer a função materna e/ou paterna, assim como o pai. A função materna é responsável pela experiência do prazer, do afeto, do alimento, do cuidar, do proteger... Ela é essencial no início da vida pois a criança é extremamente dependente, sem cuidados não sobrevive. Quando a criança desenvolve a percepção do mundo, é natural que novos elementos passem a fazer parte de suas experiências: a função paterna. Exercer essa função exige cuidados e ponderação. A criança percebia o mundo de forma indiferenciada, ela e a mãe eram uma coisa só. Agora começa a perceber que coisas e pessoas são separadas, existem limites entre elas. O limite portanto, é fundamental para que a criança estruture dentro de si a

O DIREITO À CONVIVÊNCIA FAMILIAR E COMUNITÁRIA

noção do eu, sumamente importante para as relações sociais ao longo de sua existência..."
(Severo, 1993. p. 122 e 123)

5 OBJETIVOS

GERAL:

Prestar atendimento especializado à no máximo 40 crianças e/ou adolescentes de ambos sexos, que se encontram em situação de risco pessoal e social, vitimizados pelo abandono, negligência, maus tratos, violência física e psicológica, em programa de abrigo provisório, em sistema de casas – lares, com no máximo 10 crianças e adolescentes por unidade, oriundos exclusivamente da Comarca de Lajeado-RS.

5.1 ESPECÍFICOS:

1. Garantir aplicação das diretrizes e dos princípios do Estatuto da Criança e do Adolescente, previstos nos seus artigos 88 e 92;

2. Desenvolver o programa de abrigo através de casas-lares, com no máximo 10 crianças e adolescentes por unidade, em estrutura arquitetônica semelhante a de uma moradia;

3. O atendimento em cada casa-lar será realizado por mãe social, com dedicação exclusiva em moldes no que disciplina a lei Nº 7644 de 18 de Dezembro de 1977, aplicável naquilo que não afronta o Estatuto da Criança e do Adolescente, ou outra forma semelhante, a critério da entidade;

4. Garantir atendimento personalizado através de equipe interdisciplinar e em pequenos grupos de abrigados, sendo que cada casa – lar comportará no máximo 10 crianças e adolescentes sendo possível permear e trabalhar conforme individualidade destes, inclusive evitando desmembramento de grupos de irmãos;

5. Incentivar a efetiva participação na vida em comunidade, utilizando-se de todos os recursos públicos e privados para plena convivência comunitária e formação social;

6. Prestar atendimento especializado por equipe interdisciplinar nas áreas psicológica, nutricional, pedagógica e assistente social a fim de contribuir para o pleno desenvolvimento físico, mental e social. A entidade subsidiar-se-á dos serviços públicos de atenção à saúde, educação e área social de acordo com o que dispõe o ECA;

7. Criar mecanismos efetivos de preparação gradativa, para o desligamento, quando não obtido a reintegração com a família ou colocação em família substituta;

8. Promover, sob a supervisão da equipe técnica, treinamento constante dos cuidadoras com a finalidade da troca de experiência, interação, troca de idéias, descontração, exposição de dificuldades, buscando uma equipe comprometida com a presente proposta para melhor atender aos abrigados;

9. Estabelecer convênios com instituições profissionais a fim de promover a inserção profissional dos adolescentes do abrigo na comunidade;

6 METODOLOGIA

1. A entidade somente abrigará crianças e adolescentes encaminhadas exclusivamente pelo Juizado da Infância e da Juventude da Comarca de Lajeado ou pelos Conselhos Tutelares dos respectivos Municípios que a compõe, desde que sejam oriundos da Comarca de Lajeado;

2. O responsável pelo encaminhamento da criança ou do adolescente deverá, obrigatoriamente, repassar para o abrigo, toda documentação relativa à mesma, bem como o histórico com os motivos que levaram ao abrigamento, tudo em conformidade com o padrão de Ficha de Abrigamento sugerido pelo Ministério Público, sem a qual a entidade não procederá abrigamento, sendo que cópia da referida ficha deverá ser encaminhada ao Ministério Público, no prazo de 24 horas após o abrigamento;

134   *Neidemar José Fachinetto*

3. No momento do abrigamento, o servidor responsável pela recepção ao abrigado deverá recebê-lo em atitude de compreensão, respeito e atenção, providenciando os cuidados iniciais de higiene e alimentação, assim como as orientações necessárias relativas aos espaços físicos e objetivos essenciais do programa, de forma a tranqüilizar o abrigado e inteirá-lo no espaço em que permanecerá com as devidas orientações a respeito do funcionamento do abrigo;

4. Posteriormente, os cuidadores ou membros da equipe técnica devem orientar o abrigado com relação aos direitos e deveres dos mesmos, ressaltando a necessidade de convivência em grupo;

5. A equipe de trabalho (psicóloga, pedagoga, nutricionista, assistente social e diretor/a), reunir-se-á quinzenalmente, a fim de:

5.1. Discutir questões pertinentes à situação dos abrigados;

5.2. Elaborar um Plano de Acompanhamento Individual de cada abrigado no qual deverá constar: ficha de acompanhamento social e pasta individual de cada abrigado, contendo: certidão de nascimento, carteira de vacinação, histórico escolar, fotografia (8 x 12), estudo social, parecer psicológico, avaliações de outras áreas medicas, exames laboratoriais e prescrição médica, endereço de familiares, tanto nuclear quanto extensiva a amigos (para fins de formatar vínculos), parecer pedagógico, além de demais documentos individuais se for o caso;

5.3. Manter e buscar informações atualizadas junto ao Ministério Público, Conselho Tutelar e Juizado da Infância e Juventude;

5.4. Explicar à criança ou adolescente os motivos pelos quais está sendo abrigado, bem como sua situação jurídica, utilizando como subsídio à equipe técnica;

6. Estabelecimento de Termo de Cooperação com os Municípios que compõe a Comarca de Lajeado, especialmente com órgãos públicos ligados as áreas da Saúde, Trabalho, Habitação, Assistência Social, educação e desportos, para fins de atendimento especializado de modo prioritário e ágil, sem prejuízo dos demais convênios e subvenções já firmados;

7. Encaminhamento imediato das crianças e adolescentes que necessitam de atendimento hospitalar, via SUS, com acompanhamento do dirigente do abrigo ou da cuidadora ou do(a) padrinho ou madrinha afetivo(a);

8. Na medida do possível, serão realizadas reuniões, oficinas, palestras e atividades de integração, com toda a equipe interdisciplinar e com os pais ou responsáveis pelos abrigados como forma de mobiliza-los para o processo de restituição dos vínculos familiares, salvo quando destituídos do Poder Familiar ou por expressa decisão judicial em contrário;

9. Reavaliação das ações da equipe interdisciplinar de atendimento a fim de estabelecer ações compartilhadas visando a melhoria da qualidade do atendimento aos abrigados;

10. Reavaliação das necessidades do abrigamento a cada três meses em parceria com o Juizado da Infância, Ministério Público e Conselho Tutelar.

11. Capacitação periódica dos membros da equipe de trabalho através da participação em eventos, seminários e cursos de formação que sejam realizados na Comarca de Lajeado;

12. Elaboração e manutenção do arquivo pessoal passivo dos desligados do abrigo com preenchimento da Ficha de Desligamento (em anexo), que deverá ser encaminhada ao Ministério Público, tão logo o mesmo ocorra.

7 OBJETIVOS A SEREM DESENVOLVIDOS PELA EQUIPE TÉCNICA DO ABRIGO

7.1 SERVIÇO DE NUTRIÇÃO

7.1.1 Elaborar cardápios semanais, levando em conta: hábitos alimentares, cálculo das quantidades a serem adquiridas "per capita" diariamente, cálculo dos nutrientes necessários às faixas etárias das crianças e adolescentes abrigadas;

O DIREITO À CONVIVÊNCIA FAMILIAR E COMUNITÁRIA **135**

7.1.2 Orientar para que todos os alimentos oferecidos semanalmente "via doações" sejam utilizados da melhor forma possível dentro dos padrões dietéticos recomendados;

7.1.3 Planejar a compra dos alimentos que compõem o cardápio conforme prazo estipulado observando sempre: definir o que comprar, a quantidade e onde comprar, evitando-se assim o desperdício;

7.1.4 Obedecer a um critério econômico na escolha dos alimentos observando o período de safra dos mesmos. Selecionar, adquirindo os mais baratos quando com o mesmo valor nutritivo, observando a rotulagem nutricional nas embalagens quando possível;

7.1.5 Orientar quanto à armazenagem dos alimentos para que estejam em temperatura adequada, em local arejado e olhar a data de validade dos mesmos, separado-os do material de limpeza;

7.1.6 Zelar pela qualidade dos produtos desde a sua aquisição até a distribuição praticando sempre as boas práticas higiênicas e sanitárias, evitando que qualquer alimento impróprio para o consumo ponha em risco à saúde dos comensais;

7.1.7 Proporcionar encontros quinzenais com as cuidadoras onde serão discutidos assuntos relacionados com escala de horários, funções e treinamentos de utilização e conservação de equipamentos, limpeza da cozinha, noções de higiene ambiental e pessoal, técnicas de preparo, adaptação de receitas e controle das sobras, esclarecer como conduzir a alimentação dos abrigados em caso de febre, diarréia, sinais de anemia e outras;

7.1.8 Diagnosticar o estado nutricional dos abrigados (lactentes, pré-escolares, escolares e adolescentes) através de um Inquérito Antropométrico (peso x altura x idade x sexo) que deverá ser realizado semestralmente para detectar possíveis desvios nutricionais (desnutrição, baixo-peso, obesidade) e possibilitar o acompanhamento dos mesmos para atingir os níveis de normalidade;

7.1.9 Incrementar a educação alimentar dos funcionários e abrigados utilizando recursos oferecidos pelo abrigo e demais órgãos de saúde do município e estado;

7.1.10 Ter acesso ao valor da verba disponível para o gasto mensal com os alimentos;

7.2 SERVIÇO DE PSICOLOGIA:

7.2.1 Identificar e/ou encaminhar para Rede Pública, avaliação de crianças e adolescentes que apresentarem sinais de deficiências ou distúrbios mentais, emocionais ou comportamentais, para que sejam propostas medidas preventivas bem como o devido tratamento;

7.2.2 Proceder pareceres sobre a situação emocional dos abrigados, anexando-os à pasta individual do mesmo;

7.2.3 Auxiliar a administração da Instituição na construção de seu Regimento Interno baseado no ECA, assessorando no repasse dos itens do mesmo às cuidadoras, abrigados e demais profissionais do abrigo;

7.2.4 Coordenar grupos terapêuticos com as crianças e adolescentes, nos quais possam ser examinadas suas dificuldades psíquicas;

7.2.5 Realizar um trabalho de apoio junto as cuidadoras, visando seu preparo para lidar da melhor forma possível com a realidade do abrigo e dos abrigados;

7.2.6 Preparar os adolescentes para seu desligamento do abrigo, bem como para inserção social e profissional;

7.2.7 Estimular a aproximação entre o abrigo, os abrigados e suas famílias de origem, quando do possível;

7.2.8 Orientar as cuidadoras individualmente ou em grupo a respeito das questões que envolvem o desenvolvimento infantil e adolescente, oferecendo-lhes suporte para que possam favorecer o melhor cuidado possível aos abrigados;

7.2.9 Elaborar pareceres individuais dos abrigados, sempre que solicitados pelo Juízo da Infância e da Juventude e Ministério Público.

7.3 SERVIÇO PEDAGÓGICO:

7.3.1 A proposta pedagógica deverá reconhecer a criança e o adolescente como sujeitos de direitos e em condição peculiar de desenvolvimento, com pleno respeito às diferenças individuais sem qualquer forma de discriminação seja por sexo, raça, crença ou situação sócio – econômica;

7.3.2 Cabe a todos os educadores estimular a auto-estima e abordar temas de cidadania com o objetivo de desenvolver o senso crítico e promover valores éticos;

7.3.3 Todas as crianças e adolescentes deverão ser encaminhados para a escola formal. Nos casos de impossibilidade deverá estar atestada a limitação para tal, devidamente registrada nas pastas individuais, além de se esgotar as possibilidades de inclusão em ensino especial. Junto ao parecer pedagógico deverá ser anexado o parecer psicológico;

7.3.4 Às crianças de até 6 anos de idade, que ainda não freqüentam a escola formal, deverão ser ministradas atividades pedagógicas compatíveis com sua idade, preservando os espaços para o lazer, brincadeiras, introduzindo aspectos lúdicos, de orientação e preparação ao ingresso na escola formal;

7.3.5 O parecer pedagógico deverá ser anexado à pasta individual de cada abrigado, assim como as demais informações que se julgarem necessárias;

7.3.6 Durante o tempo de permanência na instituição, no turno inverso ao da escola formal, deverão ser realizadas nas dependências da entidade ou junto aos recursos da comunidade: práticas esportivas, atividades e oficinas diversificadas (música, dança, teatro, culinária, hora do conto ou momentos de leitura compartilhada), que promovam as potencialidades das crianças e adolescentes. As oficinas deverão ser organizadas de forma sistemática e deverão ser acompanhadas de um orientador. A metodologia utilizada deverá ser diferenciada, não convencional, buscando aprimorar todas as formas de expressão.

7.3.7 Oferecer suporte técnico à educadora do local, acompanhando e orientando os trabalhos desenvolvidos.

7.4 SERVIÇO SOCIAL:

7.4.1 Proceder o estudo social e o acompanhamento periódico de todos os abrigados por meio de visitas domiciliares, oficinas, entrevistas, levantamento de dados, estudo da comunidade a qual a família do abrigado pertence, a fim de contribuir com a avaliação trimestral quanto a definição jurídica do abrigado;

7.4.2 Viabilizar políticas sociais para o suprimento de demandas apresentadas pelos abrigados e por seus familiares a fim de identificar e contribuir para o resgate de vínculos familiares visando a reintegração familiar;

7.4.3 Acompanhamento da família, após a reintegração familiar do abrigado (apoio técnico e terapêutico, subsídios de apoio), buscando acesso eminente a seus direitos de cidadão, alcançando sua maior autonomia;

7.4.4 Formação de grupo de pais buscando orientação e apoio sócio-familiar, troca de experiências visando uma interação solidária;

7.4.5 Comunicar ao Ministério Público, Conselho Tutelar e ao Juizado da Infância e da Juventude os casos de suspeita ou fato de violação de direitos, considerando os arts.: 5º, 13, 18 e 70 do Estatuto da Criança e do Adolescente;

O DIREITO À CONVIVÊNCIA FAMILIAR E COMUNITÁRIA

7.4.6 Propiciar meios de reduzir o espaço de institucionalização, buscando apoio e alternativas junto à família ampliada e à comunidade onde residem a criança e o adolescente;

7.4.7 Encaminhar a família aos recursos comunitários que lhe assegurem as formas mais adequadas para o enfrentamento dos problemas;

7.4.8 Avaliar a aproximação e existência de vínculos afetivos, oferecendo alternativas à manutenção destes vínculos e procurando resgatar a presença e a responsabilidade dos genitores da criança e/ou adolescente;

7.4.9 Promover articulações interdisciplinares entre os demais profissionais e assessoria técnica dos abrigos, objetivando debater e sinalizar ações facilitadoras para o desabrigamento;

7.4.10 Propor pesquisas e atividades para a capacitação profissional do quadro de funcionários dos abrigos, de forma a primar pela qualidade dos serviços prestados junto às crianças e adolescentes;

7.4.11 Redigir um plano de ação anual com as atividades, diretrizes propostas de atuação do serviço social;

7.4.12 Organizar reuniões com o quadro técnico do (s) abrigo (s), visando discutir ações para o replanejamento e melhoria das atividades em execução.

8 RECURSOS HUMANOS NECESSÁRIOS

- Diretor

- Psicóloga

- Educadora

- Nutricionista

- Assistente Social

- Atendentes (cuidadoras)

- Professor de Educação Infantil e Ensino Médio

9 AVALIAÇÃO

A avaliação do projeto será feita anualmente pela entidade, juntamente com a equipe técnica, sendo que as alterações procedidas no presente programa, caso necessárias, serão comunicadas ao Conselho Municipal dos Direitos das Crianças e Adolescentes de Lajeado.

10 DA VIGÊNCIA

O presente projeto será implantado imediatamente e terá vigência por prazo indeterminado.

_____, ___/ ___/ ___.

_____
Entidade – Responsável legal

III – Ficha de abrigamento

1. CONSELHO TUTELAR
1. Identificação:

Nome: _____

Alcunha: _____ Data de Nascimento: ___/___/___ Idade: _____

Mãe: _____

Pai: _____

Naturalidade: _____ Nacionalidade: _____

Documentos: _____

Profissão: _____ Estado Civil: _____

Escolaridade: _____ Telefone: _____

Endereço: _____ CEP: _____

Bairro: _____ Cidade: _____

2. Do Abrigamento:

Determinação: ( ) Juiz da Comarca de _____ Proc. n.: _____

   ( ) Conselho Tutelar de _____ Doc.: _____

   ( ) Outros _____

Motivo: _____

Entidade: _____

Responsável: _____ Telefone: _____

Entrada:Data: ___/___/___Hora: _____ Assinatura do(a) Responsável

3. Estado físico e emocional da criança / adolescente: _____

4. Providências adotadas após abrigamento: _____

5. Relação de documentos que acompanham: _____

Data: ___/___/___   Assinatura do(a) Conselheiro(a)

2. ENTIDADE DE ABRIGAMENTO
1. Parecer / relatório da entidade (adaptação, visitas, etc.)

Data: ___/___/___   Assinatura do(a) Responsável

3. MINISTÉRIO PÚBLICO
1. Recebimento: ___/___/___
2. Providências adotas: _____

Data: ___/___/___   Promotor(a) de Justiça

O DIREITO À CONVIVÊNCIA FAMILIAR E COMUNITÁRIA

IV – Ficha de desabrigamento

1. Identificação:

Nome: _____

Alcunha: _____ Data de Nascimento: ___/___/___ Idade:_____

Mãe: _____

Pai: _____

Naturalidade: _____ Nacionalidade: _____

Documentos: _____

Profissão:_____ Estado Civil: _____

Escolaridade: _____ Telefone: _____

Endereço: _____ CEP: _____

Bairro: _____ Cidade: _____

2. Do Abrigamento:

Determinação: ( ) Juiz da Comarca de _____ Proc. n.: _____
( ) Conselho Tutelar de _____ Doc.: _____
( ) Outros _____

a) Motivo: ( ) retorno à família biológica:
Responsável (is) _____
Endereço: _____
( ) família substituta: ( ) guarda ( ) tutela:( ) adoção
Responsável(is) _____
Endereço: _____
( ) emancipação ou maioridade civil
( ) outro(s) _____

b) Estado físico e emocional da criança / adolescente:_____

_____

c) observações complementares: _____

_____

d) Saída:

Data: ___/___/___ Hora: ___:___ <small>Assinatura do(a) Responsável pela criança / adolescente</small>

3.Encaminhamento ao Ministério Público:

Data: ___/___/___ <small>Assinatura do(a) Responsável pela entidade</small>

1. Recebimento: ___/___/___

2. Providências adotadas:

_____

Data: ___/___/___ <small>Promotor(a) de Justiça</small>

V – Minuta do Pacto de Cooperação Interinstitucional: pela garantia do direito fundamental à convivência familiar

Aos 3 dias do mês de dezembro de 2004, no auditório do prédio 7, da UNIVATES – Centro Universitário UNIVATES, em Lajeado/RS, por ocasião da realização do Seminário DIREITO À CONVIVÊNCIA FAMILAR: articulação de uma rede social de proteção no Município de Lajeado, promovido pela Promotoria de Justiça da Infância e Juventude de Lajeado, Conselho Municipal dos Direitos das Crianças e Adolescentes de Lajeado e Conselho Municipal de Assistência Social de Lajeado, com apoio do Centro Universitário UNIVATES e, CONSIDERANDO a adoção da doutrina da proteção integral à criança e ao adolescente tanto pela Constituição da República Federativa do Brasil, de 05/10/88, quanto a pela Lei Federal n.º 8.069, de 13/07/90 (ECA); que é dever de todos (família, comunidade, sociedade em geral e do poder público) assegurar, com absoluta prioridade, entre outros direitos, à convivência familiar e comunitária (art. 4º do ECA); que todas as ações da família, do poder público e da sociedade devem levar em conta, na interpretação da lei, os fins sociais, as exigências do bem comum, os direitos e deveres individuais e coletivos, a condição peculiar da criança e do adolescente como pessoas em desenvolvimento (art. 6º do ECA); que a política de atendimento dos direitos da criança e do adolescente far-se-á através de um conjunto articulado (Rede) de ações governamentais e não-governamentais (art. 86 do ECA); que toda a criança ou adolescente tem direito a ser criado e educado no seio da sua família e, excepcionalmente, em família substituta (art. 19 do ECA); que na aplicação das medidas de proteção à criança e ao adolescente levar-se-ão em conta as necessidades pedagógicas, preferindo-se aquelas que visem ao fortalecimento dos vínculos familiares e comunitários (art. 100 do ECA); que a medida protetiva de abrigo é provisória e excepcional, utilizável como forma de transição para o retorno à família natural ou a colocação em família substituta (art. 101, parágrafo único, ECA); que as entidades que desenvolvam programas de abrigo deverão garantir, entre outros princípios, o da preservação dos vínculos familiares (art. 92, I, ECA); especialmente, que é dever de todos prevenir a ocorrência de ameaça ou violação dos direitos da criança e do adolescente (art. 70 do ECA); os representantes dos órgãos públicos, entidades não-governamentais, movimentos sociais e comunitários de Lajeado-RS, com a interveniência do Juizado da Infância e Juventude da Comarca de Lajeado e da Promotoria de Justiça Especializada da Infância e Juventude de Lajeado, que este subscrevem firmam o presente PACTO DE COOPERAÇÃO INTERINSTITUCIONAL: PELA GARANTIA DO DIREITO FUNDAMENTAL À CONVIVÊNCIA FAMILIAR, conforme o estabelecido nas cláusulas e condições seguintes:

CLÁUSULA PRIMEIRA – DO OBJETO PRINCIPAL: Constitui objeto principal deste PACTO a cooperação interinstitucional entre todos os organismos governamentais, não-governamentais, movimentos sociais e comunitários, com vista a consecução e desenvolvimento, com prioridade absoluta, de ações efetivas e concretas, no âmbito de suas competências e atribuições, tendentes a garantir o fundamental direito à convivência familiar das crianças e adolescentes, especialmente daquelas que vivem em entidades de abrigos na cidade de Lajeado-RS.

CLÁUSULA SEGUNDA – OBJETIVO ESPECÍFICO: Os representantes dos organismos governamentais, não-governamentais, movimentos sociais e comunitários poderão indicar, no prazo de 10 dias, membro para compor comissão permanente de acompanhamento, com o objetivo de garantir o direito fundamental à convivência familiar.

CLÁUSULA TERCEIRA – DA COMISSÃO DE ACOMPANHAMENTO: Após a constituição da comissão permanente de acompanhamento, seus membros passarão a manter encontros sistemáticos, a fim de definir e implantar fluxos ativos tendentes a melhor integrar e executar as ações e serviços voltados à população infanto-juvenil, bem como garantir o direito fundamental à convivência familiar, notadamente daquelas que vivem em entidades de abrigo de Lajeado-RS.

O DIREITO À CONVIVÊNCIA FAMILIAR E COMUNITÁRIA

Lajeado, 03 de dezembro de 2004.

Município de Lajeado/RS

Câmara de Vereadores de Lajeado/RS

Conselho Municipal dos Direitos da Crianças e Adolescentes de Lajeado-RS

Conselho Municipal de Assistência Social de Lajeado-RS

Conselho Tutelar de Lajeado-RS

Intervenientes:

Juizado da Infância e Juventude
da Comarca de Lajeado-RS

Promotoria de Justiça da Infância
e Juventude de Lajeado-RS.